INHALT

Übersetzt aus dem Englischen Original *VW Camper Cookbook Rides Again* von Johannes Erdmann. Layout und Gestaltung Lennart Hannu und Steve Rooker. Alle Food-Fotografien von Steve Rooker. Fotos von den Bussen durch den Eigentümer, sofern nicht anders angegeben. Einige Bilder wurden an uns ohne jegliche Information über die Quelle weitergegeben und mit den besten Absichten und in gutem Vertrauen veröffentlicht. Die Macher von *VW Camper Kochbuch Rides Again* entschuldigen sich ausdrücklich für unbeabsichtigte Fehler oder Auslassungen, die in zukünftigen Ausgaben dieses Buches korrigiert werden. Typefont: Bliss. Gedruckt in der E.U. von Tallinna Raamatutrükikoja OÜ, Estland. Papier: 150 gr Arctic Silk. 1. Auflage 5.000 Exemplare. Titelfoto des Einbandes von Lennart Hannu beim Jahrestreffen *Bussfest* des *Scandinavian Typ2 Klubben*, Lovsjöbadens Campingplatz, Jönköping, Schweden.

www.vwcampercookbook.com • www.kombi-nation.se • ISBN 978-91-637-1095-7

Steve & Susanne Rooker   Lennart & Lotta Hannu

VW BULLI KOCHBUCH

Rides Again

Food, love und VW Bullis!

Das *"VW Bulli Kochbuch"*, das wir 2008 veröffentlicht haben, wurde schnell zu einem Klassiker in der luftgekühlten VW-Gemeinde weltweit.

In diesem zweiten Buch sind wir mit den Rezepten einen Schritt weitergegangen, haben sie aber weiterhin für das Kochen in einem Wohnmobil ausgelegt und so konzipiert, dass sie leicht abgeändert und an persönliche Vorlieben angepasst werden können.

Es gibt das gleiche „easy to follow" Layout, aber diesmal bieten wir noch mehr Fakten und Geschichten zu Leuten und Bussen. Die Rezepte umfassen Gerichte für den Campingkocher mit zwei Flammen, Tipps für Picknicks und natürlich einige großartige Grillideen.

Der neue Abschnitt "Gebäck und Snack" zeigt Rezepte für süße und herzhafte Backwaren, die vor Reiseantritt gebacken werden können, ideal für Tagesausflüge, Picknicks und die erste Übernachtung beim campen.

Um die internationalen Rezepte in diesem Buch zusammenzustellen haben wir wieder mit der globalen VW-Familie zusammengearbeitet. Die folgenden Seiten sind vollgepackt mit Busfans und ihren Abenteuern, von Reiseerlebnissen bis zu Restaurierungsberichten, aus faszinierenden Orten der ganzen Welt, von Afrika, Australien, Asien, Europa, Amerika bis vor unsere eigene Haustür, hier in Skandinavien.

Ein großes Dankeschön geht an alle, die an der Arbeit an unseren Büchern beteiligt waren, und an alle Freunde des berühmten deutschen Kleinbus.

FOTO: LENNART HANNU

Wohnen und Kochen im Campingbus

UNTERWEGS KOCHEN IM "POBA-STIL"

Für diejenigen, deren Bus keine fest eingebaute Küche hat, ist ein tragbarer Campingkocher an Bord die flexibelste Lösung; man kann ihn überall benutzen (und reinigen), wo man möchte.

Der Kofferraum ist ein guter Stellplatz für den Kocher, wenn man mit leichtem Gepäck reist. VW hat den Bus hier mit einer Ablage auf idealer Arbeitshöhe zum Kochen ausgestattet, und unter der geöffneten Heckklappe steht man geschützt vor Wind und leichtem Regen.

Poba, der dänische Campingausstatter, hat das gut erkannt und die fest eingebaute Küche seiner VW-Camper hier platziert. Für die meisten Bus-Besitzer, uns eingeschlossen, ist allerdings dort auch der Platz für das Bett.

Um hier trotzdem kochen zu können, benutzen wir eine Kunststoff-Tischdecke, um diesen Bereich abzudecken. Die schützt den hinteren Innenraum und die Matratzen von Verschmutzungen und kann nach Gebrauch leicht gereinigt werden. Es ist wesentlich einfacher zu kochen und Essen zuzubereiten, wenn man eine feste Basis für den Kocher und das Schneidbrett hat, deshalb packen wir in unseren Westy für jede längere Reise unseren großen Küchenklapptisch.

Der ist leicht und passt gut ins Heck des Busses. Ausgestattet mit Herd und Schneidebrett verwandelt er sich in eine wirklich praktische Campingküche, hat eine gute Höhe zum Kochen und besitzt sogar ein eingebautes Spülbecken. Die aufstellbare Rückseite ist sehr nützlich für das Aufhängen der Küchenutensilien.

FOTO VON KENT LARSSON IM JAHR 1979 IM URLAUB IN ITALIEN MIT LENA UND LOTTA.

IMMER COOL BLEIBEN

Beim Campen im Sommer kann es ganz schön schwierig sein, frische Lebensmittel mit der richtigen Temperatur aufzubewahren. An sonnigen Tagen können Busse heiß wie Backöfen werden. Kühlboxen und Kühltaschen gefüllt mit tiefgefrorenen Kühlakkus oder Flaschen mit Eiswasser reichen für ein Picknick locker aus und bleiben auch ein ganzes Wochenende ausreichend kühl, wenn sie an einem schattigen Ort stehen und nur kurz geöffnet werden.

Um Lebensmittel länger zu kühlen gibt es drei unterschiedliche Varianten:

1 12 Volt Peltier Kühlboxen - werden an den 12 Volt Zigarettenanzünder oder die Bordsteckdose angeschlossen, einige größere Modelle können auch am 220/240 Volt Netz betrieben werden. Systembedingt kühlen sie nicht unter 0°, und sie halten ihren Inhalt höchstens 20 bis 30 Grad kühler als die Umgebungstemperatur. Ihren Strom ziehen sie von der Batterie, deshalb ist es wichtig, sie nur beim Fahren länger einzuschalten.

"Dies ist ein guter Zeitpunkt, um darauf hinzuweisen, dass ein Busmotor im Leerlauf nicht genug Ladung produziert, um alle Verbraucher zu versorgen. Erst bei der Drehzahl, die der Motor beim Fahren hat, erzeugt die Lichtmaschine ausreichend Strom, um die Batterie wieder aufzuladen."

2 Kompressor-Kühlschränke – können mit 12 Volt und am 220/240 Volt Netz betrieben werden. Der Kompressor macht sie effizienter als den Peltier-Typ.

3 3-Wege-Kühlschränke – arbeiten mit 12, 220/240 Volt und mit Propan und sind recht effizient bei dem Betrieb mit Gas. Der Nachteil jedes Kühlschranks, der an die Autobatterie angeschlossen wird, ist, dass er die Batterie völlig leert, wenn man ihn beim etwas längeren Parken laufen lässt. Um das zu vermeiden gibt es ein paar Möglichkeiten: Auf Campingplätzen mit Stromanschluss zahlt es sich aus, einen 12-Volt-Adapter zu benutzen, um den Kühlschrank an das Stromnetz anschließen, während man steht.

DIE INSTALLATION EINER ZWEITBATTERIE

Bei guten VW-Teilehändlern und Campingausstattern bekommt man komplette Relais-Sets für den Betrieb einer Zweitbatterie. Mit diesem Set kann man unbesorgt eine zweite Autobatterie für alle Verbraucher beim Camping benutzen, weil das Relais automatisch die Hauptbatterie, die für das Starten des Autos gebraucht wird, von dieser Batterie trennt. Beim Fahren schaltet das Relais die Batterien wieder zusammen, so dass beide von der Lichtmaschine geladen werden. Der nächste Schritt nach der Installation einer Zweitbatterie ist es, kostenlose Sonnenenergie zu nutzen, die wahre Freiheit, nicht an ein Stromnetz "gebunden" zu sein.
Mit guten Sonnenkollektoren, die inzwischen allgemein verfügbar sind, ist es möglich, die Sonnenstrahlen in 12 Volt umzuwandeln und die Lebensmittel mit der Kraft der Sonne kühl zu halten.

GRÖSSERE WOHNUNG GESUCHT?

Leichtes Gepäck ist ein guter Vorsatz, aber vor jeder größeren Reise kann man uns dabei zusehen, wie wir jeden freien Winkel unseres Busses vollstopfen mit "Dingen, die wir vielleicht brauchen", von getrockneten Kräutern und Dosentomaten bis zu Ersatzglühbirnen und -Sicherungen. Wenn es Euch auch so geht und Ihr findet, dass Euer Typ 2 immer ein wenig zu beengt ist für einen Familien-Campingurlaub, dann könnte eine dieser Raumerweiterungen die Lösung sein.

VORZELTE

Sind eine einfache und preiswerte Lösung, das Platzangebot des Busses zu vergrößern. In ihnen kann man all das Reisegepäck und Equipment verstauen, dass man dabei hat. Der ideale Ort für die Campingküche, und das Basislager, wenn man mit dem Bus die Umgebung erkundet.

FALTCARAVANS

Wir lieben die dänischen Combi-Camp Zeltanhänger. Sie sind eine großartige Möglichkeit, eine zweite Schlafgelegenheit im Schlepptau zu haben. Durch ihre kompakte Größe lassen sie sich leicht ziehen, kommen dann auf dem Campingplatz aber zur vollen Entfaltung. Schraubt die Stützbeine raus, klappt das Oberteil auf, und Ihr habt in Sekundenschnelle ein weiteres Schlafzimmer.

ERIBA PUCK

Dieser wunderschöne kleine deutsche Caravan von Hymer wird seit 1957 gebaut und hat einen festen Platz in den Herzen vieler VW-Fans. Sein Hubdach, das geringe Gewicht und der niedrige Schwerpunkt machen ihn sowohl aerodynamisch, leicht zu ziehen und handlich genug, um ihn mühelos zu rangieren. *(siehe Seite 52)*

TROPFEN-WOHNWAGEN

Diese kleinen, leichten und aerodynamischen Anhänger bieten 2 Personen Schlafraum, Staukästen und eine Küche unter der Heckklappe. Sie sind oft selbstgebaut, ganz im Pioniergeist der frühen 1940er Jahre in den USA. Baupläne sind im Internet verfügbar. Auf den Seiten 70 und 80 werden zwei coole, neugebaute Teardrop-Anhänger vorgestellt.

SEI KEIN EIGENBRÖTLER – KOMM AN DIE LANGE TAFEL!

Der schwedische Typ 2 Klub (Nordiska Typ2 klubben) macht jeden Sommer sein Jahrestreffen für VW-Busse aller Baureihen. Busse von nah und fern kommen an diesem besonderen Wochenende zusammen. Der Veranstaltungsort ändert sich jedes Jahr, aber der „Lange – Tafel – Abend" bleibt fester Bestandteil. Am Samstag stellen alle ihre Tische und Stühle zusammen und bilden eine sehr lange Festtafel, umgeben von bunten Volkswagen.

Die Grills werden angeheizt und das Kochen beginnt und dann setzen sich alle zusammen um gemeinsam zu essen, zu trinken und Spaß zu haben, und man sagt sehr oft „skol" in dieser Nacht.

FOTO: STEVE ROOKER

HÄNGEMATTEN, SPANNGURTE UND DACHGEPÄCKTRÄGER

Gibt es einen bessere Methode zur Entspannung als in der Hängematte zu liegen?

Das Tolle an einer Hängematte im Busgepäck ist, dass man nicht mehr zwei Bäume im richtigen Abstand zueinander finden muss. Mit einem Bus braucht man nur noch einen einzigen Baum, da ein solider Dachgepäckträger auf dem Bulli als der zweite Hängepunkt dienen kann.

Wir haben immer ein paar Spanngurte in unserem Bus, die beim Camping für viele Zwecke nützlich sind, und ideal zum Aufhängen einer Hängematte. Vergesst aber bitte nicht, sie vor dem losfahren wieder abzunehmen...

Weitere praktische Kuchen-Ausstattung

DÄMPFEINSÄTZE

Diese zusammenklappbaren Edelstahlkörbe sind sehr nützlich beim Camping, ideal für das schnelle Dämpfen von Gemüse.

SCHNELLKOCHTÖPFE

Können eine wunderbare Ergänzung der Campingküche sein. Im Dampfdruck reduziert sich die Garzeit um bis zu einem Drittel, so dass auch nur zwei Drittel des Brennstoffs benötigt werden. Moderne Schnellkochtöpfe sind einfach in der Handhabung. Mit ihnen könnt Ihr viele Eurer Lieblings-Outdoor-Mahlzeiten kochen - Suppen, Eintöpfe, Fleisch, Gemüse, Reis oder Getreide. Außerdem ist Dampfdruckkochen auch gesund, weil hier Geschmack und Nährwert der Nahrungsmittel durch die kurzen Kochzeiten geschont werden. Eintöpfe sind natürlich die idealen Gerichte für Schnellkochtöpfe. Zutaten mit sehr unterschiedlichen Garzeiten können durchaus zusammen gekocht werden, wenn man sie auch in jeweils unterschiedlich große Stücke schneidet.

Die andere Methode besteht darin, den Druck abzulassen und die schneller garenden Zutaten später in den Topf zu geben. Ein Schnellkochtopf kann auch offen zum sautieren verwendet werden, und mit Deckel zum schnellen Dämpfen von Brot, Knödeln und Teigtaschen.

KLAPPGRILL

Dieser tolle Grill zum Zusammenlegen funktioniert wirklich gut, und das Beste ist, dass man ihn so kompakt verstauen kann, dass er dauerhaft im Bus mitgenommen werden kann.

WAFFELEISEN

Wenn Ihr den Genuss des Campens mit Eurem Bus auf die Spitze treiben wollt, dann solltet Ihr vielleicht die Anschaffung eines dieser Waffeleisens erwägen: www.pieiron.com.

Diese Eisen können in oder über einem Feuer verwendet werden, auf einem Grill, einem Campingkocher und sogar zuhause in einem offenen Kamin.

Solche Waffeleisen aus Guss müssen von Zeit zu Zeit eingebrannt werden, sobald ihr Inhalt am Eisen kleben bleibt. Zum Einbrennen gibt man etwas Speiseöl auf ein Blatt Küchenpapier und reibt das Eisen damit ein. Dann legt man beide Teile des Waffeleisens aufs Feuer und macht sie auf beiden Seiten so richtig heiß, lässt sie wieder etwas abkühlen und reibt sie wieder mit etwas mehr Öl ein. Das tut man etwa 3 oder 4 mal. Das Ergebnis ist ein gut eingebranntes, einsatzbereites Waffeleisen. Hier ein paar einfache Rezepte um loszulegen:

CUBA-SANDWICH

2 Scheiben Schweizer Käse
2 Scheiben Schinken
2 Scheiben Schweinebraten
2 Scheiben Salami
3 Scheiben süße Gurke
Mayonnaise
Senf
Butter
Sandwich-Toastbrotscheiben

Dieses kultige Sandwich serviert man in Restaurants, Bars und Büdchen nicht nur in Kuba, sondern auch in ganz Miami und der Küste von Florida. Das Cuba-Sandwich wird beim Grillen flach gedrückt, das macht es zu einem passenden Rezept für das Waffeleisen.

Lege 1 Scheibe Brot in das offene, gebutterte Eisen und streiche Mayonnaise und Senf auf die Scheibe. Belege sie dann mit dem Aufschnitt und Käse. Obendrauf die Gurkenscheiben und dann die 2. Scheibe Brot.

Das Waffeleisen schließen und auf mittlerer Flamme auf beiden Seiten erhitzen, bis das Toast schön braun ist.

WESTERNKARTOFFELN

Lege in Scheiben geschnittene Kartoffeln in das Waffeleisen, füge Butter / Öl, Salz und Pfeffer hinzu. Schließe das Eisen und grille die Kartoffeln auf beiden Seiten gar.

THUNFISCH TOAST

Eine Dose Thunfisch, gehackte Gürkchen und Mayonnaise vermischen und auf eine Scheibe Brot, mit der gebutterten Seite nach unten im Eisen, verteilen. Darauf eine Scheibe Käse und eine Tomatenscheibe legen. Mit einem zweiten gebuttertem Toast bedecken. Das Waffeleisen schließen und grillen, bis alles heiß und der Käse geschmolzen ist.

ELVIS SANDWICH - passend für den King.

Lege eine Scheibe Toast mit der gebutterten Seite in dein geöltes Waffeleisen.
Dann streiche Erdnussbutter auf das Brot, lege in Scheiben geschnittene Bananen darauf und darüber ein paar Scheiben knusprig gebratener Speck. Kröne das Ganze mit einer weiteren Scheibe Brot, außen gebuttert. Verriegele das Eisen und grille alles, bis es goldbraun ist.

KNOBLAUCHBROT

Bestreiche Brötchenhälften mit Butter, streue Knoblauchsalz und Paprika darauf.

Lege sie mit der Butterseite nach unten in den Hohlraum des Waffeleisens und backe die Brötchen goldbraun.

GEGRILLTE ZWIEBELN

Lege dünn geschnittene süße spanische Zwiebeln (oder Vidalia Zwiebeln) in das Waffeleisen. Füge ein wenig Sellerie, Salz, Petersilie und einen Spritzer Bier hinzu. Schließe das Eisen und grille das Ganze, bis die Zwiebeln weich sind.

Kochen im

Campingbus

FOTO: PAT SCHULTE

Huhn in Parmaschinken

ZUTATEN x4

4 Stücke Hühnerbrust
4 EL Pesto
4 Scheiben Parmaschinken

ZUBEREITUNG

1 Das Hühnerfleisch flachdrücken. Alufolie in Rechtecke schneiden, die ein bisschen größer sind als die Hühnerbrust.

2 Eine Scheibe Parmaschinken auf die Alufolie legen, die Hähnchenbrust darauf platzieren und dann jede Brust mit einem Esslöffel Pesto einreiben.

Das Hühnerfleisch in der Alufolie aufrollen und die Enden zudrehen.

3 Das Fleisch auf den Grill oder direkt in die Glut legen. Es braucht etwa 20 Minuten auf einem mittlerer Grillfeuer, bis es durch ist.

“ Dieses Gericht kann man sehr gut vorbereiten, und eine Füllung aus Blauschimmelkäse mit Spinat ist eine leckere Alternative ”

Im November 2002 saßen Pat und Ali in ihrer Lieblings-Pizzeria in Chicago.

Sie waren 28 und fühlten schon den Sog der Vorstadt. Die meisten ihrer Freunde waren bereits dabei, eine Familie zu gründen und ein Haus eine Stunde vom Stadtzentrum entfernt zu kaufen, und halbherzig waren die beiden auch kurz davor.

Aber in dieser Nacht, nach ein paar Krügen billigen Biers und leckerer Pizza, wurde ihnen klar, dass es vielleicht mehr Spaß machen würde einfach aufzubrechen und etwas Geld und Zeit in die Hand zu nehmen. In dieser Nacht kamen sie zu einer Entscheidung. Sie wollten ein Segelboot kaufen und um die Welt segeln. Pat und Ali segelten fünf Jahre und kehrten 2007 nach Hause zurück. Nach ein paar Monaten begann das nächste Abenteuer: Reisen in einem 1958 VW Bus...

Reisen nach Alaska.

“ Mit unserem Bus fuhren wir 60.000 Meilen von Alaska bis Argentinien, und dann noch ein gutes Stück durch halb Europa ”

NAME: BUMFUZZLE
TYP: T1 BAUJAHR: 1958
MODELL: KASTENWAGEN
FARBE: ARKTISBLAU

„Wir besuchten Alaska während des kältesten und feuchtesten Sommer, den es hier jemals gab. Nicht gerade das ideale Wetter um im Bus zu leben. Die Fahrerkabine wurde zu unserer Veranda, hier saßen wir viele Nachmittage und starrten auf einen der Flüsse, die sich aus den Bergen ergossen, während der Regen auf unser Blechdach prasselte"

Unser Bus hat fast die gesamten westlichen USA gesehen, jeden Zentimeter Mexikos, jedes Land in Zentralamerika, die Westküste von Südamerika, und ein gutes Stück von Europa. In Peru fuhren Ali und ich gerade auf einer Schotterpiste auf ca. 4000m

Höhe, die zu einer Stadt auf 5500m führt, als wir zu einem quer über die Straße fließenden Wasserlauf kamen. Der Strom war ungefähr 30m breit, reichte bis zur Stoßstange und die Strömung war sehr stark. Eine Weile saßen wir nur da und starrten auf das Wasser, dann legten wir den ersten Gang ein und fuhren hinein. Die Nase des Busses tauchte ein, und Ali schrie auf, als das Wasser auf die Windschutzscheiben hochspritzte. Wir schlingerten, blieben eine Sekunde stecken, bekamen wieder Gripp und schafften es auf die andere Seite. Hätten wir sie nicht erreicht wäre der Bus verloren gewesen und den Berg hinuntergespült worden, mit uns an Bord. Aber er hat diese schwierigste, wie dutzende weitere Flussdurchquerungen auf der Reise auch, gemeistert.

Auf bumfuzzle.com findet Ihr mehr von Pat und Ali.

Kedgeree

Geräucherter, pochierter Schellfisch ist die klassische Zutat für Kedgeree, macht das Gericht aber ziemlich aufwendig, wenn man ihn nicht zufällig als Rest von einem Fischessen übrig hat. Man kann aber alles Mögliche verwenden, wir haben auch schon geräucherte Heringe für dieses Gericht benutzt. Wir haben sie filetiert, alle Gräten entfernt und das Fleisch in kleine Stückchen geteilt und mit dem gekochten Reis vermischt. Krabbenfleisch oder gekochte Garnelen funktioniert genauso gut.

ZUTATEN x4

300 g geräucherter Fisch
300 g Basmati-Reis
3/4 Tasse (200 ml) Milch
1/2 Tasse (125 ml) Sahne
1 Tasse (250 ml) Wasser
55 g Butter
1 Zwiebel, fein gehackt
1 TL Madras Currypulver
Eine Prise Muskatnuss
Meersalz und gestoßener schwarzer Pfeffer
3 hartgekochte Eier, geschält und geviertelt
Eine gute Prise Cayennepfeffer

Optional:
Petersilie oder Dill

ZUBEREITUNG

1 Die Zwiebel in der Butter glasig braten, dann den Reis hinzufügen.

2 Den Reis erhitzen und mit Currypulver und Muskat würzen. Nach ein paar Minuten Milch, Sahne und das Wasser hinzufügen. Den Herd aufdrehen und intensiv kochen. Umrühren und nichts anbrennen lassen.

3 Den Reis simmern lassen und weiter rühren, bis er die Flüssigkeit aufgenommen hat. Mal probieren - ist er schon weich, oder braucht er noch ein wenig? Dann weiterkochen, bei Bedarf etwas Wasser zugeben.

4 Wenn der Reis weich wird, den Fisch hinzufügen und weiter köcheln und rühren, bis der Reis gar gekocht ist. Zum Schluss die Hitze etwas reduzieren.

5 Wenn der Reis fertig ist, vom Herd nehmen und mit Salz und Pfeffer abschmecken, Petersilie oder Dill beigeben. Mit den Eier garnieren und mit Cayennepfeffer bestreuen, und mit einem Stückchen Butter servieren.

NAME: JESSIE
TYP: T1 BAUJAHR: 1967
MODELL: DEVON-CAMPER
FARBE: WEIß/GELB

Das ist Jessie, ein Filmstar aus Wales. Star-Qualitäten haben schon lange einen Platz in Jessies Leben, die neben Patrick Swayze und Rowan Atkinson im Film "Keeping Mum" aufgetreten ist.

Charlotte Pitt ist ihre stolze Besitzerin, und die Betreiberin von „Split the Difference", eine Autovermietung für historische Campingbullis. Jessie hat keine durchgehende Fahrersitzbank, sondern originale Einzelsitze, so dass man seine komfortable Hütte nicht verlassen muss, wenn man sich mal einen Tee kochen oder ein Nickerchen machen möchte.

Das Aufstelldach bietet Stehhöhe und verwandelt sich bei Bedarf in ein kuscheliges Etagenbett für zwei Kinder. Die Küche ist mit Zweiflammenherd, Gasgrill und Spülbecken mit fließend Wasser ausgestattet, und es gibt auch ein zeitgenössisches Kühlfach, so dass man sich immer und jederzeit einen Happen zu essen machen kann.

“ Wir hatten unsere besten Tage in Abersoch, Nordwales, beim chillen am Strand. Wir hörten tolle Musik und haben uns was Schönes gekocht ”

www.split-the-difference.co.uk

Rote Beete und Ziegenkäse Salat

ZUTATEN x4

- Rote Beete (etwa 150 g pro Person)
- 125 g Ziegenkäse
- 50 g Walnüsse (geröstet)
- 40 g Rucola
- 40 g frische Spinatblätter
- 1 EL Honig
- 1 EL Olivenöl
- Eine Prise Salz

ZUBEREITUNG

1. Die Rüben gut reinigen und in einen Topf mit kochendem Salzwasser geben. Bei geschlossenem Deckel weich köcheln lassen.
2. Währenddessen alle Zutaten in einer Salatschüssel anrichten, zunächst den Rucola und den Spinat waschen und abtropfen lassen.
3. Dann die Walnüsse anrösten und über den Salat streuen.
4. Nun den Ziegenkäse darüber bröckeln.
5. Einen Schuss Olivenöl und den Honig zugeben, abschmecken.
6. Sobald die Rüben weich sind, schälen und kleinschneiden und noch warm mit dem Salat servieren.

Rote Bete in gibt es in vielen Formen und Größen. Wenn man frische Babyrübchen bekommt, ist die Garzeit minimal. Größere Winter-Rote-Beete müssen dagegen lange gekocht werden, bis sie weich werden (bis zu 50 Minuten). Für dieses Rezept haben wir Rüben einfach mit der Schale in kochendem Wasser aufgesetzt. Sie können in Ruhe köcheln, während man die anderen Zutaten vorbereitet. Wenn sie dann gar sind (sobald man mit einem Messer glatt hineinpieken kann), kann man sie kurz mit kaltem Wasser abschrecken. So lassen sie sich leichter anfassen und schälen

Räucherlachs mit Rührei

ZUTATEN x4

200g Räucherlachs in Scheiben
4 Sesam-Burger Brötchen
4 große Eier
1/2 Tasse (125 ml) Sahne
1 EL Butter und ein Tropfen Öl
2-3 EL gehackter Schnittlauch
Salz und Pfeffer

ZUBEREITUNG

1 Die Hälfte des Lachs in kleine Stücke schneiden.

2 Eier und Sahne zusammen mit einer Prise Salz mit einer Gabel gut durchrühren, dann den gehackten Lachs und etwas Schnittlauch dazugeben.

3 Die Brötchen toasten und buttern.

4 In einer großen Pfanne Butter und Öl erhitzen, die Eimischung hineingeben und braten, von Zeit zu Zeit umrühren.

5 Eine Scheibe Räucherlachs auf das Brot legen, darauf das Rührei, und zum Abschluss den restlichen Schnittlauch darüberstreuen.

Loup, Aiko, Noemie und Igor aus Frankreich genießen die Sonne und das Leben im Freien in ihrem Wohnmobilurlaub in Neuseeland.

Mellow Yellow ist ein 1.8l Automatikbus, hat 4 Schlafplätze, einen ausklappbaren Zwei-Flammen-Gasherd und eine 60-Liter Dreiwege-Kühl/Gefrierkombination, es gibt fließend Wasser am Spülbecken und einen abnehmbaren Tisch, das alles in einer hübschen „Little Miss Sunshine" Verpackung. www.classic-campers.com wird durch Bevan und Andrea in Auckland, Neuseeland, betrieben.

Die beiden sind erfahrene Busreisende mit vielen tausend Meilen Wegstrecke auf der ganzen Welt.

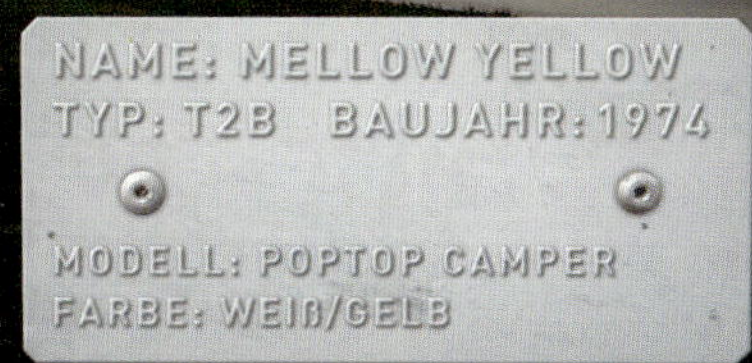

NAME: DORA
TYP: T1 BAUJAHR: 1966
MODELL: WESTFALIA SO 42
FARBE: CREMEWEIß/HIMMELBLAU

Dieser hübsche Westfalia begleitet Simon Blake & Harriet Bellotte, beide Pfadfinderausbilder und Lehrer, zu diversen Wochenendabenteuern.
Sie erfreuen sich an ihrem VW auf Camping-Reisen mit Geocaching, aber auch beim Transport von IKEA-Möbeln.

Krabbenkekse & Limettendip

ZUTATEN (x4)

200 g gemischtes Krabbenfleisch (frisch oder aus der Dose)

50 g Semmelbrösel

1 Ei

1 EL Dijon Senf

1 TL Worcestershire-Sauce

1 EL Petersilie, gehackt

2 EL Butter

2 EL Pflanzenöl

ZUBEREITUNG

1. Alle Zutaten bis auf Butter und Öl zusammenmixen.
2. Die Mischung zu flachen Frikadellen formen und in Butter und Öl braten, bis sie gerade goldbraun sind. Dies ist ein Rezept von Mark Dowling, und Mark sagt: "Jeder sollte eine ordentliche Pfanne in seinem Camper haben!"

LIMETTENDIP

Saft und geriebene Schale einer Limette

1/2 Tasse (125 ml) Sauerrahm

1 grüne Chili, entkernt und fein gehackt

Salz und Pfeffer

ZUBEREITUNG

1. In einer Schüssel alle Zutaten verrühren.
2. Mit Salz und Pfeffer würzen.

NAME: WINDSPLIT
TYP: T1 BAUJAHR: 1967
MODELL: HOCHDACH DRAGRACER
FARBE: CUSTOMLACKIERUNG

Le Versoud, Frankreich

Dieser Bus ist keine lahme Ente, seine beste Zeit auf der Viertelmeile ist 14,11 Sekunden! Pascal von Serial-kombi in Le Versoud, Frankreich, hat vor kurzem noch etwas aufgerüstet. Jetzt hat der Motor NOS-Einspritzung, eine neue Zündung und 16 Volt Primärzündspannung. Bald schon könnte es Windsplit auf dem Drag Strip in die 13 Sekunden schaffen!

Pikantes French Toast "Go Fast"

FOTO: GWYNN CLARK.

ZUTATEN x4

8 Scheiben Brot

Verschiedene Füllungen wie:
Pilze, Schinken, Käse, Speck, Tomaten etc

EIER-MIX:

3 Eier

1/2 Tasse (125 ml) Milch

Salz und Pfeffer

ZUBEREITUNG

1. In einer Schüssel die Eier, Milch und Gewürze vermischen.
2. Das Sandwich mit Deiner Lieblings-Füllung bestreichen und die zwei Scheiben zusammendrücken. Beidseitig in die Eiermischung tauchen und dann direkt in einer Pfanne auf mittlerer Hitze braten, nach etwa einer Minute umdrehen, durchgaren bis das Brot goldgelb geworden ist.
3. Als vollwertiges Mittagessen mit pochierten Eiern und gedünstetem Spargel servieren.

Erdbeer-Käsekuchen-Happen

ZUTATEN

Ein Körbchen frischer Erdbeeren
2 Vollkornkekse

FÜLLUNG

100 g Frischkäse
1 EL Puderzucker
1 TL Vanille-Essenz
Ein wenig geriebene Zitronenschale

ZUBEREITUNG

1. In einer Schüssel den Frischkäse, Zucker, Vanillezucker und Zitronenschale mischen und beiseite stellen.
2. Die frischen Erdbeeren waschen, den Stängel entfernen und oben leicht aushöhlen.
3. Mit einem Teelöffel die Frischkäsemischung auf die Erdbeeren setzen, mit einer Prise zerbröckeltem Vollkornkeks bestreuen

Verspeisen und die nächste Portion zubereiten!

Rod hat sich 2006 seinen feinen 1957er 11-Fenster-Camper direkt vom Containerschiff aus Indonesien gekauft. Es folgte eine vollständige Restaurierung mit maßgeschneiderter Innenausstattung als Sahnehäubchen, die Rod und sein Schwiegervater eigenhändig gebaut haben. Senior fährt jetzt auf einer red9-Vorderachse mit Scheibenbremsen, und Einzelradaufhängung hinten.

NAME: SENIOR
TYP: T1 BAUJAHR: 1957
MODELL: FENSTERBUS
FARBE: BEIGE & WEIß

Grünebohnensalat mit Minze

ZUTATEN x4

100 g Edamame Sojabohnen (gibt es im Asiashop)
100 g grüne Bohnen - geputzt
100 g Erbsen
3 EL Olivenöl
50 g Feta-Käse
1 EL Balsamico-Essig
1 Spritzer Zitronensaft
Ein wenig gehackte frische Minze
Salz und Pfeffer

ZUBEREITUNG

1 Die grünen Bohnen und Erbsen in kochendem Wasser oder in einem Dämpfer garen, ca. 3 Minuten für die Bohnen, nur ca. eine Minute für die Erbsen. Dann in kaltem Wasser abschrecken. Nach dem Abkühlen abtropfen lassen und wieder in den Topf geben.

2 Nun ein wenig entspannen beim Edamamepulen. Die gepulten Bohnen in den Topf zu den Erbsen und grünen Bohnen legen.

3 Öl, Balsamico und die Minze zusammenmischen und einen Spritzer Zitronensaft dazugeben. Das Dressing über die grünen Bohnen gießen, Feta-Käse darüberbröckeln. *Abschmecken, würzen und genießen!*

Mycha Jesaijes, Ehefrau Kim und Tochter Elise stammen aus den Niederlanden und sind erst der dritte Besitzer dieses Westfalia von 1970. Der erste Besitzer war ein US-Amerikaner, der den Neuwagen über das VW Touristen-Lieferprogramm kaufte, und sein erstes Reiseziel war Oslo in Norwegen.

Westy wurde inzwischen restauriert und modifiziert, mit Porschebremsen an allen Rädern, Servolenkung und Tieferlegung mit Luftfederung. Zu den Upgrades im Innenraum gehören ein neuer Kühlschrank und ein zweiflammiger Gaskocher.

Eine Woche nach Abschluss der Restaurierung brachen Mycha und Kim in ihrem neuen Bus zu ihrer Hochzeitsreise auf.

Sie fuhren Richtung Norden über 7000km durch Skandinavien und erreichten schließlich das Nordkap, Europas nördlichster Punkt.

Dies ist Kyllikki, ein Baywindow aus Finnland mit einer Tanzstange im Innern. Die stolze Besitzerin Jutta Törnqvist ist ein Mädchen mit Mechanikertalent. Im Sommer ist sie meist in Finnland und Schweden unterwegs.

Vielleicht nicht das beste, aber auf alle Fälle das unvergesslichste Erlebnis mit dem Bus hatte ich, als ich im Sommer 2006 plötzlich aus meiner Wohnung ausziehen musste und stattdessen wochenlang im Auto lebte.

Sipoo,
Finnland

NAME: KYLLIKKI
TYP: T2A BAUJAHR: 1968
MODELL: KLEINBUS/NACHTCLUB
FARBE: ORANGE & LICHTGELB

“ Passanten neigen dazu, sich selbst mit dem Bus zu fotografieren , wenn ich ihn irgendwo parke. ”

Knusprige Kartoffelpuffer, Speck & Preiselbeeren

ZUTATEN x4

3/4 Tasse (200 ml) Mehl
8 geriebene Kartoffeln
2 Tassen (500 ml) Milch
1 Ei
1 1/2 TL Salz
Butter und / oder Öl zum Braten

ALS BEILAGE

8 Streifen Bauchspeck
Preiselbeerkonfitüre

ZUBEREITUNG

1. In einer Schüssel das Salz in das Mehl mischen.
2. Das Ei in die Milch schlagen und zusammen verrühren.
3. Nach und nach die Flüssigkeit in das Mehl gießen und verrühren, so dass ein schöner glatter Teig entsteht.
4. Die Kartoffeln schälen und fein reiben, unter der Teig mischen, gut umrühren, für 10 Minuten ruhen lassen.
5. In eine heiße Pfanne mit Butter und/oder Öl eine angemessene Menge Teig gießen und verteilen.
6. Ein paar Minuten wie Pfannkuchen braten, bis sie auf beiden Seiten goldbraun sind.
7. Mit knusprigem Speck und Preiselbeermarmelade servieren.

"Wenn man eine ausreichend große Pfanne hat, kann man den Speck neben dem Kartoffelpuffer braten. Wenn nicht – bratet den Speck vorher, wickelt ihn in Alufolie, um ihn warm zu halten und stellt ihn beiseite, bis die Pfannkuchen zubereitet werden"

„Die Wirths haben Spaß an Camping, Angeln und am Sammeln von Kombis."

Darren und Bev aus Adelaide, South Australia, wollen ihren 1974er CKD (completely knock down = in Hannover als Bausatz produziert, im Bestimmungsland endmontiert) so original wie möglich halten. Der 1800er Automatik ist ein bisschen langsam für sie und so kam er folgerichtig zu seinem Spitznamen *„die Schnecke"*.

Der Bus hat Australien bereits zwei Mal komplett umrundet, eine beachtliche Leistung.

Er wurde schon in jungen Jahren von einer lokalen australischen Firma vom Kombi zu einem Wohnmobil umgebaut. Die Wirths sind Mitglieder im Volkswagenclub von Südaustralien.

NAME: DIE SCHNECKE
TYP: T2B BAUJAHR: 1974
MODELL: CAMPER
FARBE: FLIPPERBLAU MIT WEIßEM DACH

Spaghetti mit Meeresfrüchten

ZUTATEN x4

300gr Spaghetti No13 "dick"
300gr gemischte Meeresfrüchte
1/2 Tasse (125 ml) Weißwein oder eine 1/4 Tasse (60 ml) Noilly Prat (Wermut)
2 Knoblauchzehen – gequetscht
1 Zwiebel
2 EL Sahne
1 EL Butter
1 EL Olivenöl
1 EL gehackte Petersilie
Salz und Pfeffer
Chili-Flocken (optional)

ZUBEREITUNG

1 Zunächst die Pasta wie auf der Packung angegeben kochen.

2 Während die Spaghetti kochen, die Zwiebel fein hacken und mit dem gequetschten Knoblauch zu einer Paste verreiben. Die Meeresfrüchte in etwas kaltem Wasser abspülen.

3 Wenn die Nudeln gar sind, das Wasser abgießen.

4 In einer Bratpfanne Zwiebel und Knoblauch in Öl und Butter anbraten, nach etwa einer Minute die Meeresfrüchte dazugeben, mit Wein oder Noilly Prat ablöschen, noch eine Minute unter Rühren dünsten. Die Sahne und Petersilie hinzufügen, mit den Spaghetti vermischen, mit Salz und Pfeffer würzen und servieren.

Eine Prise Chili-Flocken verhilft dem Gericht zu einem kleinen Extrakick.

Warmer Nudelsalat mit Sesam

ZUTATEN ×4

200 g (oder 4 Nester) breite Eiernudeln
100 g Zuckerschoten
1 rote Paprika
2 Frühlingszwiebeln
1 TL Sesamöl
1 TL Currypulver
1 Prise Salz
Gehackter Koriander

ERDNUSS-DRESSING

1 EL süße Chilisauce
1 EL Sesamöl
1 EL Sojasauce
1 EL Erdnussbutter (ohne Stücke)
Saft einer Limette
3 EL Wasser

ZUBEREITUNG

1 Einen großen Topf mit Wasser aufsetzen. Während das Wasser heiß wird, die Zuckerschoten in Scheiben, Paprika und Frühlingszwiebeln in Streifen schneiden.

2 Sobald das Wasser kocht, die Flamme herunterdrehen, ein paar Tropfen Sesamöl und Currypulver dazugeben. Die Nudeln ins heiße Wasser werfen und umrühren, um die Nester aufzulösen. Das geschnittene Gemüse dazugeben, umrühren und abdecken. Für 10-15 Minuten ziehen lassen.

3 Das Wasser abgießen. Den Rest des Sesamöls, Salz und Koriander unterrühren.

4 Für das Erdnuss Dressing einfach alle Zutaten zusammenrühren.

Khoo Teng Tsen, seine Frau SC und ihre 2 Kinder Jia Jin und Jia Wei zusammen mit anderen Negawsklov-Vereinsmitglieder (Volkswagen rückwärts gesprochen). Sie alle sind eine Gruppe von Freunden, die zu einer VW-Familie wurde.

Seitdem der VW-Tausch 2008 stattfand, hat *10Cent* eine Klappsitzbank, einen Klapptisch und einige kleine Schränke installiert, so dass campen ein Kinderspiel wurde.

Außen wurde der Bus mit den Hippie-Aufklebern individualisiert. 10Cent findet, das Beste an seinem Bus ist, dass seine Familie nun ein „Heim fernab vom Haus" hat, und er träumt von einer Fahrt rund um die Welt.

Die meisten Menschen betreiben in diesen modernen Zeiten keinen Tauschhandel mehr, aber auf genau diese Art und Weise kam Khoo Teng Tsen alias *„10Cent"* an seinen schönen 1973er Bulli mit Durchgang zwischen den Vordersitzen, namens *„Boogie"*.

Es gab einen einfachen 1:1 Tausch, als 10Cent mit seinem 67er Käfer diesen t2b entdeckte und mit dem Fahrer ins Gespräch kam.

„Wir mochten einfach das Auto des jeweils Anderen und beschlossen, zu tauschen"

Spanische Paella

ZUTATEN x4

400 g gemischte Meeresfrüchte
300 g Langkornreis (oder Risottoreis)
110 g Chorizowurst, gehackt
100 g gefrorene Erbsen
1 Lauch oder Zwiebeln, gewürfelt
1 Paprika, gewürfelt
1 Liter Fisch- oder Hühnerbrühe
1 EL Olivenöl
1 TL Kurkuma
Salz und Pfeffer

ZUBEREITUNG

1 Das Öl in einer Pfanne erhitzen. Den gewürfelten Lauch (oder Zwiebeln) für ein paar Minuten glasig braten, ohne ihn zu bräunen. Den Chorizo hinzufügen und ein paar Minuten braten. Den Reis mit Kurkuma unterrühren, bis er gleichmäßig ölbenetzt ist, dann die Brühe dazugießen. Zum Kochen bringen und 15 Minuten köcheln lassen, gelegentlich umrühren.

2 Paprika und Erbsen dazugeben, für weitere 5 Minuten kochen lassen. Wenn der Reis fast gar ist, die Meeresfrüchte darunterheben und die letzten 1-2 Minuten kochen. Nach Geschmack würzen und mit frischer Zitrone servieren.

Ferran Socias aus Barcelona in Spanien gehört dieser völlig originale VW 21A Barndoor Kasten. Die Karosserie wurde mit vielen NOS VW-Blechen restauriert.

Ferran genießt besonders Ausfahrten am frühen Sonntagmorgen, wenn die Straßen leer sind, und die Teilnahme an Treffen. Sein Favorit ist Hessisch Oldendorf in Deutschland. Er ist Mitglied im AVWC Club (VW Freunde Katalonien) Club.

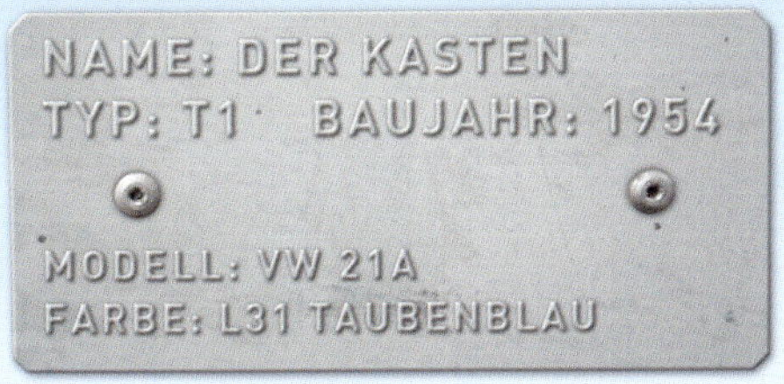

“Dieser Bus hatte ein hartes Arbeitsleben in Portugal, bevor Ferran ihn erworben und ihm ein neues Leben eingehaucht hat”

Marc und Bev Doyle aus Oldham, England, und *Logo*, ihr 73er t2b Kasten mit zwei Schiebetüren. Die Familie Doyle liebt Haustiere – Marc und Bev haben vier Deerhounds, vier Lurcher, einen Westie (West Highland White Terrier) und sieben Katzen! Ihr Custom-Transporter ist gleichzeitig Aushängeschild für ihr Unternehmen. *"Dogs N Dubs"* entwickeln und verkaufen exklusive Textilien und Geschenke für VW-Fans und Hundeliebhaber.

Der ursprünglich weiße Bus ist jetzt Mangogrün. Das *Dogs N Dubs* Firmenlogo ziert nicht nur die Außenseite, sondern ist auch im Innenraum allgegenwärtig. Nachdem die Rasterplatten an der gekürzten Vorderachse schon bei der ersten Probefahrt gebrochen sind, hat sich Marc stattdessen für ein red9design Doppel-Dreieckslenker-Fahrwerk entschieden.

Chorizo & Bulgur-Salat

ZUTATEN (x4)

- 125 g Chorizowurst - gehackt
- 2 Tassen (500 ml) Gemüse- oder Hühnerbrühe
- 1 Tasse (250 ml) Bulgur
- 1/2 Tasse (125 ml) Harissa *(Seite 59)*
- 6 Pilze - gehackt
- 2 EL getrocknete Tomaten – in dünne Scheiben geschnitten
- Eine Handvoll Spinat - gehackt
- 1 El Petersilie
- 2 EL Olivenöl
- Salz und Pfeffer

ZUBEREITUNG

1. Die Brühe kurz aufkochen, vom Herd nehmen, den Bulgur hineinschütten und zugedeckt 20 Minuten quellen lassen.
2. In einer Pfanne die Champignons zusammen mit dem Chorizo etwa 5 bis 10 Minuten braten, dann den Spinat und die getrockneten Tomaten dazugeben, für ein paar Minuten kochen und dann beiseite stellen.
3. Den gekochten Bulgur in eine große Schüssel füllen, die Chorizo-Mischung hinzufügen und die Harissa mit einer Gabel unterrühren, die Petersilie und Öl dazugeben, würzen.

Ein 2.0 Subarumotor mit Einspritzanlage sorgt für den Antrieb dieses „late bay" mit seinen passenden Westfalia Anhänger von 1965.

NAME: LOGO
TYP: T2B BAUJAHR: 1973
MODELL: KASTEN, 2 SCHIEBETÜREN
FARBE: MANGO GRÜN/WEIß MIT LOGO

Mit diesem Bus und der ganzen Familie drei Wochen durch Frankreich zu fahren war der beste Urlaub ever! Der Besitzer dieses coolen Sambas ist Piet Neyrinck, ein großer Fan von alten Volkswagen und Porsche. Piet, seine Frau und zwei Söhne gingen auf große Fahrt durch Frankreich, besuchten fünf verschiedene Regionen und fuhren über 3500 km. Die einzige Panne war eine leere Batterie in Paris, zum Glück aber nicht mitten auf dem Champs-Elysees.

"Nach unserem Parisbesuch fuhren wir in die Champagne und dann nach Les Bossons, ganz in der Nähe von Chamonix, wo wir auf einem Campingplatz mit herrlicher Aussicht auf die höchsten Alpengipfel standen."

Dann ging es weiter nach Süden in die Provence, ins Département Burgund und die Ardèche, bis sie wieder zurück nach Hause mussten.

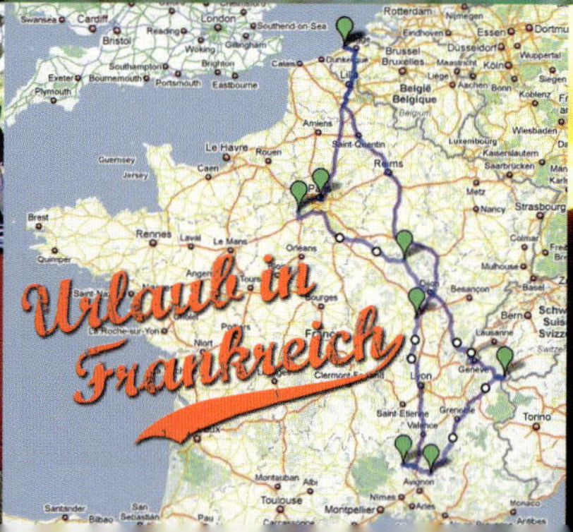

FOTO: KATRIEN VANHUELE.

Jakobsmuscheln

ZUTATEN

3 El Butter
Ein Spritzer Öl
1/2 Zitrone

Jakobsmuscheln sind ein wahrer Gaumenschmaus, aber leider ganz schön teuer. Wir empfehlen dennoch mindestens 2 pro Person. Jakobsmuscheln haben einen exquisiten und zarten Eigengeschmack, der am besten bei einfacher Zubereitung zur Geltung kommt, also in der Pfanne mit Butter gebraten oder auf dem Grill.

ZUBEREITUNG

1. Die Butter zusammen mit dem Öl erhitzen. Nicht zu heiß! Sie soll nicht braun werden, bevor die Jakobsmuscheln in die Pfanne kommen.
2. Die Jakobsmuscheln braten, etwa eine halbe Minute auf jeder Seite. Sie sollen eine schöne goldene, karamellbraune Farbe bekommen. Die Pfanne ankippen, um die heiße Butter auf der einen Seite zu sammeln, mit einem Löffel etwas heiße Butter über die Jakobsmuscheln gießen. Es ist nicht nötig, die Muscheln zu schwenken – man sollte sie besser wiederholt mit Butter begießen.
3. Die Jakobsmuscheln aus der Pfanne nehmen.
4. Den Saft der halben Zitrone in die Pfanne unterrühren.
5. Die gebratenen Jakobsmuscheln mit der Zitronenbutter übergießen – und genießen!

Größere Jakobsmuscheln sind ideal für die Zubereitung auf den Grill. Die Butter wird dann separat in einer Bratpfanne vorbereitet und über die fertig gegrillten Jakobsmuscheln gegossen.

Steak & Guinness Stew

ZUTATEN ×4

- 1 kg Schmorfleisch (Rind), in mundgerechten Stücken
- 1 Flasche/Dose (0,5l) Guinness
- 2 große Zwiebeln, gewürfelt
- 1 Tasse (250 ml) Fleischbrühe
- 4 mittelgroße Karotten
- Einige Zweige Thymian
- 1 Knoblauchzehe, zerdrückt
- Schuss Olivenöl
- 6 Esslöffel Mehl
- Petersilie, gehackt (zum garnieren)

ZUBEREITUNG

1. Die Zwiebeln, Thymian und Knoblauch in etwas Olivenöl braten, bis die Zwiebel weich ist, dann vom Feuer nehmen und beiseite stellen. Die Karotten putzen und in große Stücke schneiden.
2. Das Rindfleisch in Mehl wenden. Man kann die Fleischstücke auch in einen Gefrierbeutel mit Mehl geben und gut schütteln. Dann in der Pfanne mit heißem Öl braten. Das Fleisch soll gut durchgebraten werden.
3. Wenn das Rindfleisch fertig und gleichmäßig braun ist, die Zwiebel und Karotten zusammen mit allem restlichen Mehl hinzufügen und mit dem Guinness umrühren und kochen.
4. Fleischbrühe dazugießen, bis die Flüssigkeit gerade eben das Fleisch abdeckt. Zum Kochen bringen, dann die Flamme herunterdrehen und den Stew leicht köcheln lassen.

Nach ein paar Stunden auf dem Herd ist der Stew fertig. In einem Dampfkochtopf verringert sich die Kochzeit um etwa ein Drittel.

FOTOS: MIKE JOHNSON.

Auf unserem Weg zum Start der 3. Auflage des niederländischen Splitbus Wintertrail sind wir liegengeblieben.

Die Lichtmaschine war durchgebrannt und die Batterie leer. Das Abschleppunternehmen war so nett uns bis nach Spa zu schleppen (Startpunkt des Wintertrails), wo wir erfolglos versuchten, das Problem zu beheben. Es ist uns trotzdem gelungen, den vollen Wintertrail zu fahren (400 km), indem wir kontinuierlich die Batterie getauscht haben. Jedes Mal, wenn die Batterie fast leer war, haben wir sie gegen eine Batterie aus einem der anderen Busse ausgetauscht, so dass der sie wieder aufladen konnte.

“ Piet mit Freunden beim niederländischen Splitbus Wintertrail ”

Tintenfisch, Chili & Koriandersalat

ZUTATEN x4

200 g Tintenfischringe
Einige schön frische, gemischte Salatblätter
1/2 Chili, fein gehackt
2 El Pinienkerne (optional)
4 EL Olivenöl
1 große Tomate, fein gewürfelt
Ein Spritzer Zitrone
Frischer Koriander
Salz und Pfeffer

ZUBEREITUNG

1 Die Salatblätter in eine Schüssel geben.

2 In einer großen Pfanne bei mittlerer Hitze Olivenöl, den Tintenfisch, Tomaten, Zitronensaft und die Chili kochen, bis der Tintenfisch weiß wird (etwa eine Minute). Vom Herd nehmen.

3 Den gebratenen Tintenfisch, Tomaten und Öl auf die Salatblätter verteilen Mit Salz und Pfeffer würzen und mit zerpflückten Korianderblättern und Pinienkernen garnieren.

„Eine superschnelle Vorspeise, die auch als tolle Zwischenmahlzeit taugt“

Magic Bus ist ein 1958er Kombi aus Südafrika mit Safari- und Ausstellfenstern ab Werk. Er begleitet Jaime und Emily Ayres und ihren Hund Mookie am Wochenende zu ihren Abenteuern.

Jaime stattet seinen Bus gerne mit Extras aus. Unter anderem hat er einen Gene Berg Schaltknauf eingebaut, die Schlösser erneuert, Vorhänge ergänzt und die Türgriffe neuverchromt. Jaime und Emily sind Mitglieder des Split Screen Van Club (SSVC).

Ihre Heimatstadt Eastbourne in East Sussex liegt direkt an der Küstenstraße nach Brighton, dem Veranstaltungsort für „Brighton breeze", das jedes Jahr im Oktober stattfindet.

NAME: MAGIC BUS
TYP: T1 BAUJAHR: 1958
MODELL: STANDARD, 11 FENSTER
FARBE: WEIß / HIMMELBLAU

“ Eines der schönsten Erlebnisse mit "Magic Bus" war, als wir bei einer Show den Titel für den besten Bus bekommen haben ”

Scharfer Cowboyauflauf

ZUTATEN x4

- 300 g Chipolata-Würstchen
- 140 g Speck (ca. 8 Streifen)
- 1 1/4 Tasse (300 ml) Rinderbrühe
- 1 Dose (400 g) gebackene Bohnen
- 200 g eingelegte Paprika
- Eine kleine Dose Kidneybohnen (abgegossen)
- 1 kleine Zwiebel, gehackt
- 1 EL Pflanzenöl
- 1 EL Tomatenmark
- 2 El Barbecuesauce
- 1 TL mildes Currypulver
- 1 TL mildes Chilipulver

ZUBEREITUNG

1. In einem Bräter, einer Kasserolle oder einem großen Kochtopf mit Deckel die gehackte Zwiebel in Öl anbraten. Dann die gehackten Würste und den gewürfelten Speck hinzufügen und braten, bis alles anbräunt, die Gewürze hinzufügen und etwa eine weitere Minute auf dem Feuer lassen.
2. Die Brühe hinzufügen und gut umrühren, auch den Boden des Bräters freikratzen.
3. Alles aufkochen und dann das Tomatenmark und die Barbecuesauce einrühren. Die Bohnen hinzufügen und die Hitze reduzieren.
4. Den Deckel auf den Topf setzen und für mindestens 15 Minuten unter gelegentlichem Rühren kochen lassen.
5. Curry und Chili einige Minuten vor dem servieren zugeben. Mit Reis anrichten.

Dieser originale 1979er 2.0l Westfalia mit Einspritzer gehört Josh und Deirdre aus Hanover (in Pennsylvania).

Ihre Leidenschaft für Camping und luftgekühlte Volkswagen brachte sie zwangsläufig zu einem Westfalia.

Josh hat den gesamten Bus überholt und alles ersetzt, was vielleicht Ursache für eine Panne werden könnte: Bremsen, Reifen, Stoßdämpfer, Anlasser, Kraftstoffpumpe, Lichtmaschine, Kupplung, Zylinderköpfe, alle Kraftstoffschläuche, etc.

Die Stoßstangen und das GFK-Dach hat er mit Bootsfarbe neu lackiert, und die Dichtungen ersetzt.

„Das schönste an dem Bus sind die Reaktionen der Umwelt, alles lächelt, lacht, hebt den Daumen, winkt, hupt, Kinder zeigen mit dem Finger auf uns, und neugierige Passanten an der Raststätte erzählen Geschichten von ihrem Bus, den sie vor Jahren mal hatten."

Zu unserer Hochzeit hatten wir alle unsere Gäste auf einer VW Heckklappe als Gästebuch unterschreiben lassen. Auf unserer Hochzeitsreise ließen wir es richtig krachen und fuhren über 6.000 Meilen, von Hanover zum Glacier National Park in Montana, dann nach Yellowstone und Grand Teton in Wyoming, durch die Big-Horn-Berge und dann auf dem Weg nach Hause in die Badlands. Ich werde die Fahrt in den Bergen von Montana nie vergessen, der Wind war so stark, dass ich alles geben musste, um den Bus auf der Straße zu halten. In dieser Einöde, hunderte von Meilen durchs Nichts, da war eine Panne keine Option!

NAME: THE BUS
TYP: T2B BAUJAHR: 1979
MODELL: WESTFALIA CAMPER
FARBE: L910 KANSASBRAUN

NAME: UNCLE
TYP: T1 BAUJAHR: 1967
MODELL: KOMBI
FARBE: SCHWARZ/SIEGELWACHSROT

Gelbes Thaicurry

Natha Yodkhun kam schon mit seiner Leidenschaft für luftgekühlte Volkswagen auf die Welt und interpretiert die Lebenslinien in seiner Handfläche als ein deutliches VW-Zeichen. Er ist Kunstmaler und ist im sonnigen Koh Lanta unterwegs, mit Uncle, seinem schönen, rechtsgelenktem Kombi von 1967.

FOTO: TOMMY BERGLIND

Dieses Gericht kann man noch etwas upgraden, indem man Zitronengras und thailändisches Basilikum mitgart

ZUTATEN (x4)

400 g Hähnchenbrust
400 g Kartoffeln (festkochend)
1 Dose Kokosmilch (400 ml)
2 große gelbe Zwiebeln, in Scheiben geschnitten
1-3 rote Chilis, fein gehackt
3 El gelbe Currypaste
1 Knoblauchzehe, zerdrückt
2 EL gehackter Ingwer
Ein wenig Fischsauce (aus dem Asiashop)
1 El Apfelessig
1 EL Zucker
1/4 Tasse (60 ml) Sonnenblumenöl

ZUBEREITUNG

1 Die Kartoffeln schälen und in kleine mundgerechte Stücke schneiden. Das Öl in einer großen Pfanne erhitzen und die Currypaste, Zwiebeln, Knoblauch und Chili für zwei Minuten anbraten. Die Kartoffeln hinzufügen, dann die Kokosmilch. Zum Sieden bringen, umrühren, nach und nach Essig und Zucker dazugeben, zwischendurch abschmecken. Das Ganze etwa 15 Minuten bei niedriger Hitze kochen, dabei gelegentlich umrühren.

2 Das Hühnerfleisch in etwa daumengroße, dünne flache Stücke schneiden. Nach Ablauf der 15 Minuten Kochzeit wird das Hühnerfleisch im Curry gekocht, bis die Kartoffeln und das Huhn durch sind, etwa weitere 5 - 10 Minuten. Mit Reis servieren. Getrocknete Zwiebeln und gehackte Frühlingszwiebeln machen sich gut als Garnitur.

Banoffee im Glas

Buddy und Louise sind die Besitzer dieses 1953er Käfers, einer der ersten mit Rechtslenkung.

2002 wurde er restauriert und bekam einen 30PS Motor (5 Pferde mehr!), was sehr hilfreich ist beim ziehen von Uckie Puckie - einem Eriba Puck Modelljahr 1960.

ZUTATEN FÜR 2 GLÄSER x4

- **8 Vollkornkekse – zerkleinert**
- **1 Dose Kondensmilch**
- **2 Bananen**
- **1/2 Tasse (125 ml) Schlagsahne, geschlagen**
- **1/4 Tasse (60 ml) Schokoladenchips**
- **1/4 Tasse (60 ml) Mini-Marshmellows**

ZUBEREITUNG

1 Zuerst einmal muss die Kondensmilch in eine Toffee-Sauce umgewandelt werden. Das macht man, indem die Dose mit viel Wasser in einem Schnellkochtopf etwa 50 Minuten erhitzt wird. Nach der halben Kochzeit den Wasserstand im Topf prüfen und gegebenenfalls auffüllen. Wenn kein Schnellkochtopf zur Verfügung steht, kann man die Dose auch in einen einfachen Topf mit kochendem Wasser stellen, das dauert dann etwa 3 Stunden. Nach dem Kochen die Dose vor dem Öffnen vollständig abkühlen lassen.

2 In das Glas legt man zunächst die zerdrückten Vollkornkekse, gefolgt von etwas Toffee-Masse, dann eine Schicht kleingeschnittene Banane, wieder eine Schicht Toffee und dann die Schokoladenchips und Marshmallows. Mit der Schlagsahne krönen. Das Glas verschließen und kühl aufbewahren.

VW BULLI KOCHBUCH GOES BANANAS!

FOTO: DEBORAH GIULIETTI.

Luis Felipe Marconi verbringt seine Zeit mit Trekking, Fotografie, der Fliegerei und Tauchen.

Er fährt einen VW-Bus, vorzugsweise auf Schotterpisten und auf Langstreckenreisen. Sein persönlicher Rekord sind 26 Stunden Non-Stop von Oyantaitambo nach Lima (Peru). Der Motor hatte nicht eine Minute Pause.

Auf einer weitere Reise fuhr er *"The Papaya Run"* – 15 Stunden von Taganga nach San Alberto in Kolumbien.

Sein Lieblingsplatz ist sein Bett, oben auf dem Bus im Dachzelt.

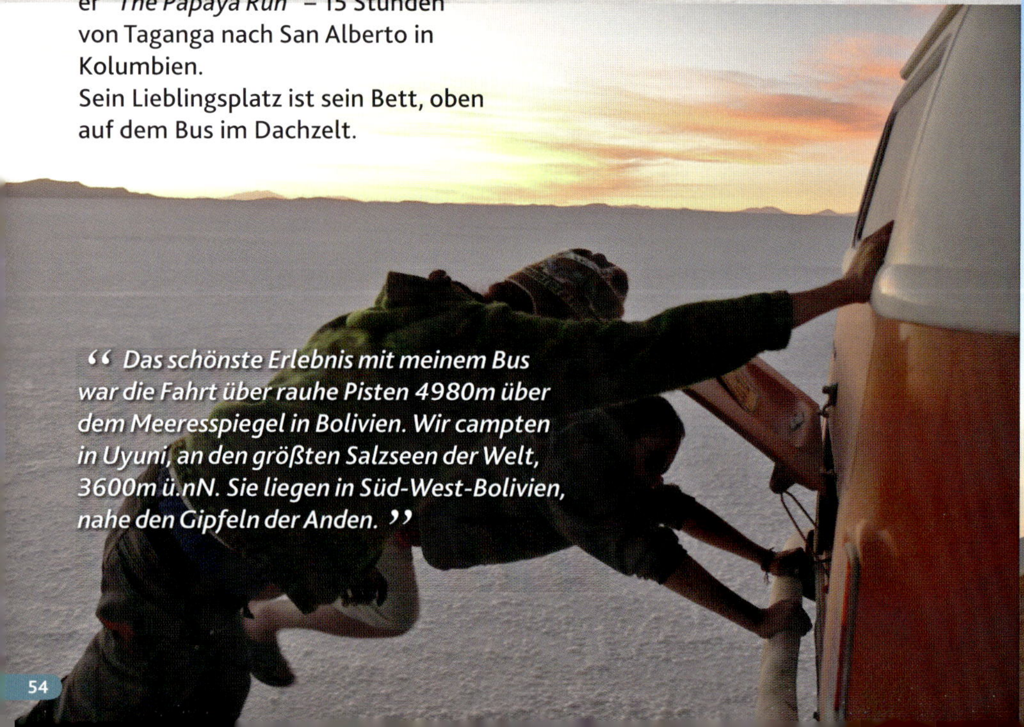

„Das schönste Erlebnis mit meinem Bus war die Fahrt über rauhe Pisten 4980m über dem Meeresspiegel in Bolivien. Wir campten in Uyuni, an den größten Salzseen der Welt, 3600m ü.nN. Sie liegen in Süd-West-Bolivien, nahe den Gipfeln der Anden."

Hühnchen & Mais-Suppe

- a la chinoise

“ Ich lasse meinen Motor lieber standard, genau wie ab Werk. Das macht die Wartung einfach und man bekommt problemlos die richtigen Ersatzteile ”

ZUTATEN (x4)

Etwas gekochtes Hühnerfleisch, in kleine Stückchen geschnitten (ideal sind die Reste eines Brathähnchens)

2 Tassen (500 ml) Hühnerbrühe

1 Dose Zuckermais

50 g Glasnudeln

1 Ei, verquirlt

Ein paar Frühlingszwiebeln, fein gehackt

Maismehl *(ein paar TL mit etwas kaltem Wasser zu einer Paste verrühren)*

ZUBEREITUNG

1. Sobald man alle Zutaten bereit hat kann das Hochgeschwindigkeitskochen beginnen. Zunächst erhitzt man die Hühnerbrühe in einem großer Topf, sobald sie warm wird gibt man den Mais dazu, dann die Frühlingszwiebeln und, wenn alles kocht, die Glasnudeln.

2. Nun dreht man den Herd ab und dickt die Suppe nach Belieben mit ein wenig Maismehl ein. Sobald sie die richtige Konsistenz hat, schlägt man das Ei unter, das in der Hitze der Suppe stockt.

Nach Geschmack würzen und servieren.

“ Eine sehr schnelle und schmackhafte Suppe ”

Kabeljau mit Pesto & Speck

ZUTATEN (x4)

4 x 130 g frische Kabeljaufilets, enthäutet

4 El grünes Pesto

4 Scheiben geräucherter, durchwachsener Speck

4 EL Olivenöl

1 Zitrone

Salz und Pfeffer

ZUBEREITUNG

1 Große Filets bereitet man vor, indem man eine Tasche hineinschneidet und einen Esslöffel Pesto darin verteilt. Dünnere Filets bestreicht man einfach mit dem Pesto und rollt sie dann zusammen.

2 Eine Scheibe Speck um den Fisch wickeln, wenn nötig mit einem Zahnstocher feststecken. Die anderen drei Filets ebenso einpacken.

3 In einer Pfanne bei mittlerer bis großer Hitze in Olivenöl braten, nach ein paar Minuten wenden. Der Fisch braucht etwa 4 Minuten auf jeder Seite. Vor dem Servieren ein paar Spritzer Zitronensaft über den Fisch und in die Pfanne drücken, das Öl dann über den Fisch löffeln. Zum Fisch passt gut gedünstetes Gemüse, wie zum Beispiel Spinat. Der Spinat kann schnell in der gleichen Pfanne zubereitet werden, wenn der Fisch fertig und beiseite gestellt ist. Vorsichtig etwas Wasser zum Spinat in die Pfanne gießen, um Dampf zu erzeugen, eine halbe Minute dünsten, und mit etwas Muskatnuss würzen.

“ Minimale Menge an Zutaten – maximaler Geschmack, und ein Rezept für jeden Fisch mit weißem Fleisch. ”

"Dieses Bild wurde in Beauduc in Frankreich aufgenommen. Es gibt nur den Strand und das Meer, und hier ist der ultimative Ort für Kite-Surfer. Die Straße zum Surf-Abschnitt würde man so vermutlich auch in Afrika vorfinden, mit Sandlöchern, Geröll und Flamingos. Hier hatte ich meine besten Kite-Surf-Trips, während ich auf dem Wasser war, konnte ich meinen Bus am Strand auf mich warten sehen."

NAME: HENKIE
TYP: T2B BAUJAHR: 1977
MODELL: AMESCADOR CAMPER
FARBE: ATLAS WEIß

Henkie ist der Name von Jordy Boots t2b mit originaler Amescador-Ausstattung. Jordy lebt in Gouda in den Niederlanden und fährt mit seinem Bus zum Kitesufen durch ganz Europa.

Auf einer Reise in Frankreich saß er mal mit einer leeren Batterie fest, weil er vergessen hatte, den Kühlschrank umzuschalten. Ein Franzose bot ihm an, die Batterie für ihn zu laden, wenn er sie ihm vorbeibrächte. Jordy brachte sie zu ihm nach Hause, und der Franzose klemmte die Batterie ans Ladegerät. Es dauerte drei Stunden, bis sie voll war, aber schon nach zwei Stunden war auch Jordy voll...

Der Franzose hatte ihm hausgemachten Apfelsaft angeboten, der sich als Cidre entpuppte. Der Akku war zwar einsatzbereit, aber Jordy musste auf den nächsten Tag warten, bis er wieder fahren konnte!

Sunset over Sicily.

Visiting beautiful Castellammare del Golfo.

Maria Sofia is already taking driving lessons.

Our campsite in the shadow from the sun.

On the beach!

Mom, I wanna play at the beach now…

Two old friends!

Dies ist Vincenzo Junior Graziano aus Arzano, bei Napoli in Italien und sein 1985er 1,6 Turbo Diesel T3 Camper namens Osvaldino. Der Bus begann sein Leben in Belgien als Kastenwagen. Er wurde dann zu einem Wohnmobil umgebaut und kurz darauf nach Italien exportiert, und dann verbrachte er die meiste Zeit auf Reisen quer durch ganz Europa. Der letzte Besitzer baute die Wohneinrichtung dann wieder aus und benutzte den Bus als Lieferwagen.

Als Vincenzo ihn gekauft hatte, mache er sich daran, den Transporter wieder zum Camper zu machen und installierte Dachfenster, Drehsitze, Seitenverkleidungen und Innenbeleuchtung, baute einen neuen Boden und auch einige Möbelstücke von IKEA ein!

Seit das Auto wieder Wohnmobil ist, war Vincenzo mit ihm in Sizilien, der Toscana und Kalabrien und genießt die Freiheit, die man mit einem Camper hat.

Meeresfrüchterisotto

ZUTATEN (x4)

6 Tassen (1500 ml) Fischbrühe
2 Tassen (500 ml, oder 400 g) Risotto Reis
300 g gemischte Meeresfrüchte, in kleine Stücke gehackt.
Eine knappe 1/2 Tasse (100 ml) weißer Wein oder Wermut
1 kleine Zwiebel, fein gehackt
1 Knoblauchzehe
1/4 Tasse (60 ml) Olivenöl
1 El frische Petersilie oder getrockneter Dill
Ein paar Erbsen
1 Tasse fein geriebener Parmesan

ZUBEREITUNG

1 In einer großen Pfanne die Brühe aufkochen, dann simmern lassen.

2 In einer zweiten Pfanne das Öl erhitzen und die Zwiebel glasig braten. Die Flamme hochdrehen und den Reis dazugeben, dabei umrühren.

3 Als Nächstes den Wein (oder auch Wermut) zum Reis geben und weiterrühren, bis die Flüssigkeit aufgesogen wurde. Bei geringer Hitze köcheln lassen und nach und nach löffelweise die Fischbrühe unter ständigem Rühren hinzufügen, vom Reis absorbieren lassen, dann den nächsten Löffel Brühe einrühren, das ganze etwa 20 Minuten lang.

4 Den Reis probieren und kauen, um zu sehen, ob er schon gar ist. Sobald er kein kreidiges Gefühl mehr verursacht, ist er genau richtig. Nun die Meeresfrüchte hineinrühren und für ein paar Minuten weiterkochen. Kurz vor dem servieren die Erbsen und Kräuter unterrühren, abschmecken, salzen und pfeffern. Mit geriebenem Parmesan servieren.

NAME: OSVALDINO
TYP: T3 1,6L TD
BAUJAHR: 1985
MODELL: HOCHDACHCAMPER
FARBE: HIMMELBLAU/WEIß

Marokkanischer Lammschmortopf

ZUTATEN x4

- 4 Pfund Lammschulter (ohne Fett und Knochen), gewaschen und in etwa 3cm dicke Stücke geschnitten
- 2 Zwiebeln, geschält und in dünne Scheiben geschnitten
- 4 Knoblauchzehen, geschält und gehackt
- 1 El Paprika und gemahlener Kreuzkümmel
- 1 TL gemahlene Gelbwurz
- 1 TL gemahlener Zimt
- 1 TL frischer Ingwer
- 1/2 TL Cayennepfeffer
- Eine Prise gemahlener Kardamom
- 2 1/2 Tassen (625 ml) Hühnerbrühe
- 1 Dose gehackte Tomaten
- 2 EL Tomatenmark
- Salz und frisch gestoßener Pfeffer

Zum Schmoren ist eine schwere gusseiserne Pfanne oder ein Bräter gut geeignet

ZUBEREITUNG

1. In einer großen Pfanne das Lammfleisch bei mittlerer Hitze anbraten, wenn es gut durch ist, alles bis auf etwa 2 Esslöffel Fett aus der Pfanne nehmen.
2. Zwiebeln und Knoblauch hinzufügen und rühren, bis sie weich werden - etwa 3 bis 5 Minuten.
3. Nun den Herd hochdrehen und Paprika, Kreuzkümmel, Kurkuma, Zimt, Ingwer, Cayenne und Kardamom dazugeben. Rühren, bis alles intensiv duftet, etwa 30 Sekunden.
4. Die Hühnerbrühe, Tomaten und Tomatenmark unterrühren, zum Kochen bringen.
5. Nach dem aufkochen die Hitze reduzieren, alles köcheln lassen, abdecken und gelegentlich umrühren.
6. Kochen, bis das Lamm beim Anstechen zart ist, ca. 1 Stunde.
7. Überschüssiges Fett abgießen und nach Geschmack würzen.

“ Der Bus ist nach dem 'Girl with the mousy hair' benannt, Hermione Farthingale, die Freundin von David Bowie in den 60ern ”

Seit er Hermione besitzt ist Alan Reynolds mit ihr nach Malaga, Stockholm und Nizza gefahren. Sie ist wirklich enorm herumgekommen.

"Ich glaube daran, sie zu benützen, und nicht in der Garage zu lassen. Wir sind bei jedem Wetter auf der Straße. Der größte Trip war unsere 5.000 Meilen Rundreise nach Marokko 2008 – wir haben es bis zur südlichen Spitze von Marokko geschafft, an die Grenze zu Algerien, an den Rand der Sahara.

In vier Wochen fuhren wir durch Frankreich, Spanien, und in Marokko entlang der Küste über Casablanca nach Essaouira, dann bis Marrakesch, quer durch die Berge des hohen Atlas, nach Süden zum Erg Chebbi, dann nördlich bis Melillia, zurück nach Spanien, entlang der Küste nach Cannes und Monte Carlo, hinein nach Italien, dann Richtung Norden wieder nach Hause!"

NAME: HERMIONE
TYP: T1 BAUJAHR: 1966

MODELL: STANDARD 11 FENSTER
FARBE: GRÜN / GOLDMETALLIC

“ Einmal wurden wir mitten in der Nacht in Rabat von der marokkanischen Polizei gestoppt. Der Polizei-Chef hielt uns für eine gute Stunde fest und versuchte, uns den Bus abzukaufen! ”

Harrissa

ZUTATEN

1 TL Tomatenmark
1 TL gemahlener Koriander
Eine Prise Safran
4 rote Serrano Pfefferschoten
2 rote Chilis
Prise Salz
Prise Cayennepfeffer
Ein Spritzer Zitronensaft

ZUHAUSE VORBEREITEN

ZUBEREITUNG

1 Die ganzen Pfefferschoten waschen und im Ofen bei 190 °C für etwa eine Stunde backen, gelegentlich wenden.

2 Die Schoten aus dem Ofen nehmen und in eine Schüssel legen, mit Frischhaltefolie abdecken und etwa eine halbe Stunde abkühlen lassen.

3 Wenn die Schoten abgekühlt sind wird es ein wenig brutal: man zieht ihnen mit der Hand die Haut ab, entfernt Stiel und Samen, zerreißt das Fleisch – Endergebnis ist eine Schüssel mit reinem Pfeffermark.

4 Den Pfeffer mit den restlichen Zutaten vermischen und mit einem Stabmixer glatt rühren. Dann in ein passendes Glas oder Gefäß abfüllen und an einem kühlen Ort aufbewahren.

"Diese scharfe Pfeffer-Chili-Sauce ist die Vorbereitung wert. Man kann sie gut benutzen, um Gerichten einen besonderen Kick zu verleihen, und sie passt gut zu gegrilltem Fleisch, Pasta, Reis, Couscous etc."

Dave Technohippy Howe und sein GTI T3. *"Ich habe schon seit Jahren einen Baywindow. Vyvyan hatte ich nur gekauft, um einen Bus für die Zeit zu haben, in der der t2 nicht auf der Straße war. Aber irgendwie hat er mir so gut gefallen, dass ich ihn behalten habe. Der Lack war schlecht, ein stumpfes Blassblau. Der neue Lack sollte ein hochglänzendes Hellblau werden, da war „Gulf-blau" die naheliegende, klassische Farbe.*

NAME: VYVYAN
TYP: T3 TRANSPORTER
BAUJAHR: 1989
MODELL: KASTENCAMPER
FARBE: GULFBLAU/GULFORANGE

Dieser Bus wird von einem mk1 GTI 1800cc 8-Ventil-Motor angetrieben, ist 40 mm tiefergelegt und steht auf 16 "x 8J Mercedes Pentas. Der Body-Trim besteht aus Zubehörteilen von der Stange, bis auf die Radläufe, die von den VW-Spezialisten Precious Metal Classic & Custom hergestellt wurden. Dave benutzt seinen Gulf-Camper sehr intensiv. Er wurde auch gebaut, um benutzt und viel gefahren zu werden und ist definitiv keine verwöhnte Trailor Queen. Auf Shows und zum Campen begleitet Dave immer seine Katze "Tonic"(aus dem englischen Cat-a-Tonic). Sein (und ihr) Lieblingstreffen ist die "Elemental VW Show", die jedes Jahr in Essex stattfindet.

Pilz & Cannellini Bohnenragout

ZUTATEN x4

- 2 Tassen (500 ml) gemischte, gehackte Pilze (Pfifferlinge, Champignons, Austernpilze, Steinpilze etc.)
- 1 Dose Cannellini Bohnen (gewaschen und abgetropft)
- 1 Dose gehackte Tomaten
- 1 kleine Zwiebel, fein gehackt
- 1 Knoblauchzehe, fein gehackt
- 3 EL Olivenöl
- Einige Zweige Thymian
- Salz und Pfeffer

ZUBEREITUNG

1 In einer großen Pfanne Öl erhitzen, Zwiebel und Knoblauch für ca. 2 Minuten anbraten.

2 Dann die gehackten Pilze und Thymian dazugeben und für ca. 3 Minuten, oder bis die Pilze zusammengefallen sind, kochen.

3 Die weißen Bohnen und Tomaten zusammen einrühren und für mindestens 10 Minuten weiter kochen (jetzt kann man einen Hauch Wein beigeben, wenn man Wein zur Hand hat).

4 Mit Salz und Pfeffer abschmecken und servieren, mit viel Brot zum auftunken der Sauce.

FOTO: CHRIS ROOKER

Huhn & Pastinaken

ZUTATEN x4

1 EL Olivenöl

8 Hähnchenschenkel

2 Zwiebeln, fein gehackt

350 g Pastinaken, geschält und in Streifen geschnitten

1 1/2 Tassen (300 ml) Gemüsebrühe

2 EL Senf, mit ganzen Körnern

2 EL Honig

Salz und Pfeffer

Einige Zweige Thymian

Ein wenig Maismehl, um die Sauce zu anzudicken

ZUBEREITUNG

1 In einem großen Topf mit Deckel das Huhn und die Zwiebeln in Öl anbraten, bis alles eine goldene Farbe bekommen hat.

2 Die Gemüsebrühe mit Senf und Honig vermischen, dann in den Topf gießen. Den Thymian und die Pastinaken darüberstreuen und zum Köcheln bringen. Zugedeckt für etwa 30min kochen, bis das Huhn gar ist.

3 Die Soße mit ein wenig Maismehl eindicken. Würzen und servieren.

Gedünsteter Brokkoli ist eine nette Beilage.

Das hier sind Ruth, Tim, Millie, Rosie und ihr originaler 1972 Westfalia namens Gladys.

"Nachdem wir monatelang im ganzen Land auf der Suche waren, haben wir Gladys in einem kleinen Dorf nur 20 Minuten von uns zum Verkauf angeboten bekommen. Wir wussten sofort, dass sie 'The One and Only' war und haben sie gekauft. Wir haben unsere Neuanschaffung vor unseren Töchtern geheimgehalten, und als der Tag kam, an dem wir sie abholen konnten, nahmen wir den Linienbus und erzählt den Mädchen, dass wir uns wieder mal einen Bulli anschauen wollten. Bei einer kurzen Probefahrt, als wir dann alle in Gladys saßen, kam der große Moment: wir sagten den Mädchen, dass dieser Bus in Wirklichkeit schon uns gehört und wir ihn direkt mit nach Hause nehmen würden! An die verblüfften Gesichter und die darauf folgenden Jubelschreie werden wir uns für immer erinnern."

" Die Westfalia-Ausstattung und alle Möbel sind noch völlig original und komplett. Wir sind immer völlig verblüfft, wie viel Campingausrüstung wir in den Schränken verstauen können! Es ist ein fantastisches Design, das auch heute immer noch tadellos funktioniert "

NAME: GLADYS
TYP: T2B BAUJAHR: 1972
MODELL: WESTFALIA CAMPER
FARBE: CEILONBEIGE / PASTELLWEIß

Süßkartoffeleintopf

ZUTATEN (x4)

400 g Süßkartoffeln (gewürfelt füllen sie etwa 5 Tassen, das entspricht etwa 1 1/4 Liter)

1 EL Olivenöl

1 große rote Paprika, gewürfelt

1 kleine Zwiebel, gewürfelt

2 Frühlingszwiebeln, gehackt

2 TL frischer Ingwer, fein gehackt

1 EL Currypulver

1 TL Salz

1 Dose (200 g) Kichererbsen

1 EL Apfelessig

Ein wenig Koriander

Ein Rezept von Jeff "Snoopy" Waite

ZUBEREITUNG

1 In einen großen Topf mit Dämpfereinsatz etwa 5cm hoch Wasser einfüllen, zum Kochen bringen, und die Süßkartoffeln bei geschlossenem Deckel im Dampf garen, bis sie weich sind (ca. 10 min). Abgießen und warm halten.

2 Das Öl in einem großen, schweren Topf über mittlerer Hitze aufsetzen.

3 Die Paprika, Zwiebeln, Knoblauch, Ingwer, Currypulver und ein wenig Salz unter Rühren etwa 3-5 min anbraten.

4 Als nächstes die Kichererbsen dazugeben und etwa 4-5 min weiterkochen und umrühren.

5 Essig und die Süßkartoffeln unterrühren. Die Hitze reduzieren und für etwa 2 Minuten sanft kochen, bis die Süßkartoffeln etwas Stärke abgeben, aber nicht völlig verkochen.

6 Den gehackten Koriander hinzufügen, umrühren und heiß servieren.

Edwin Kamweru lebt in Nairobi, und ist Mitglied des VW Owners Club of Kenya. Dies ist sein T3 Safari-Bus *Shanghai Teleport*. Er wurde umfassend an die afrikanischen Bedingungen angepasst, hat jetzt einen 3,2l Dieselmotor, Vordersitze von einem Audi, Lenkungskomponenten aus einem Golf 2 und die Federung aus einem Land Rover 2.Serie. Edwin war mit ihm in Kenia, Tansania und Uganda, hat den Nairobi Nationalpark, Hells Gate Nationalpark, Arusha in Tansania, den Elementaitasee, Lake Nakuru und den Abedare Nationalpark besucht, und auf diesen Reisen seine eigenen Grenzen, wie auch die des T3 ausgelotet.

Edwin ist alleine von Kenia nach Tansania gefahren, in einer Gegend mit Löwen, Leoparden und Nashörnern! Klingt brenzlig? Hier draußen einen Platten zu haben (und Reifenpannen kommen vor) kann gefährlich werden! Das vielleicht unangenehmste Erlebnis hatte Edwin aber, als er von Banditen gestoppt wurde. Glücklicherweise waren sie von seinem Mut beeindruckt, da es nicht viele Leute wagen, in diesen Landstrichen allein unterwegs zu sein. Sie haben ihm trotzdem sein Bargeld und die Zigaretten abgenommen, aber sonst unversehrt ziehen lassen, so dass er seine Reise fortsetzen konnte.

Tiefergelegt, 4 Zoll schmalere Vorderachse, vergrößerte Radläufe, versetztes Lenkgetriebe, Pendelachsconversion, 1641ccm Motor und ein Bierfass als Benzintank sind nur ein paar der vielen Änderungen, die Paul *Swampy* Harrison seinem geliebten *Patches* spendiert hat. Den Teardrop-Anhänger hat er selbstgebaut. Er hat drei Monate daran gearbeitet, mit einem verbreiterten Klappcaravanchassis als Fahrgestell.

Die Kotflügel sind von einem 1950er Fiat Topolino. Im Inneren gibt es ein Bett, einen Fernseher und die Wände sind mit alten Blechschildern geschmückt.

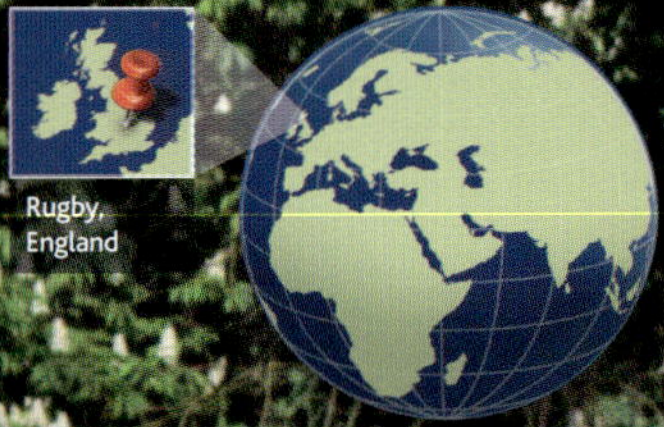

NAME: PATCHES
TYP: T1 BAUJAHR: 1961
MODELL: PRITSCHE
FARBE: BLAU MIT WERBEAUFSCHRIFT

„Alle Schriftzüge sind noch original! Die Pritsche wurde ursprünglich verwendet, um Möbel in ganz Watsonville auszuliefern. Ich mag die Reaktionen des Abscheus, die sie auf der Straße erregt"

FOTO: CHRIS ROOKER.

Bang Bang Chicken

ZUTATEN (x4)

1 ganzes gebratenes Huhn
1 mittelgroßer Eisbergsalat
Eine halbe Gurke
6-8 Radieschen
Handvoll Erdnüsse
1 EL Sesam
1 EL scharfe Chili-Flocken

FÜR DIE ERDNUSS-SAUCE

3 EL Erdnussbutter
5 Esslöffel süße Chilisauce
1 TL Sesamöl
1 TL dunkle Pilz-Sojasauce
1/2 Tasse (125 ml) kochendes Wasser

ZUBEREITUNG

1 Den Salat kleinhäckseln und Gurke und Radieschen in streichholzgroße Stücke schneiden.

2 Das Brustfleisch vom Huhn lösen und mit einem Nudelholz oder der Unterseite einer Pfanne kleinschlagen (bang bang), bis es etwa 3mm flach ist. Dann das Fleisch mit einem Messer shreddern.

3 Den Eisbergsalat auf einem Teller zu einem kleinen Berg aufschütten. Dann das Hühnerfleisch darauf drapieren, und die restlichen Zutaten daraufstreuen.

4 Die Erdnuss-Sauce: Einfach alle Zutaten zusammenrühren und die Sauce über den Mini-Hähnchen-Berg gießen.

Das hier sind François de Mélogue, seine Ehefrau Lisa und sein Sohn Beaumont zusammen mit ihrem schwarzem Labrador Lucy und ihrem Bus *Kaya* - *Kaya* ist für sie eine Rettungskapsel, ein Fluchtfahrzeug von der rauhen Wirklichkeit.

"An dem Tag, bevor eine Reise beginnt, erreicht die Spannung ihren Höhepunkt. Die Ausstattung ist bereit, die Reisepläne konkret, die Vorräte sind vakuumverpackt und eingefroren, der Bus vorbereitet, und wir versuchen zu schlafen und träumen von den Ländern, die noch zu entdecken sind."

Ich bin wie verwandelt, wenn wir in die geographische Nähe unseres Reiseziels kommen. Wir legen nie ganz exakt fest, wo wir genau hinwollen, nur die ungefähre Gegend.

NAME: KAYA
TYP: T3 BAUJAHR: 1989
MODELL: WESTFALIA CAMPER
FARBE: "EIN KUNSTWERK"

Dann suchen wir auf der Landkarte nach unbefestigten Straßen, Wanderwegen oder alten Forststraßen, die spektakuläre Ausblicke und Einsamkeit versprechen. Wir folgen diesen Wegen über felsiges Gelände, durch Wälder und über Berge, und legen nur einen Stopp ein, wenn die Schmetterlinge in meinem Bauch übermächtig werden.

"Pop (up) macht das Dach, und pop macht der Champagner. Lisa macht unsere Betten, während ich das Propan aufdrehe, wir schwenken die Sitze und machen unseren Wassertank klar. Die Stühle, Tisch, Hundebett, Bücher, Stereoanlage und andere Errungenschaften des modernen Lebens werden nach draußen geschafft."

Kaya ist ein 1989 Westfalia Vanagon, ausgestattet mit einem 2,4l l GoWesty Motor. Ein Solarpanel auf dem Hubdach mit Gasdruckfedern speist zwei separate Batterien, mit denen man auf unbestimmte Zeit „in the middle of nowhere" bleiben kann. Im Innern dieses Campers gibt es einen Vitrifrigo Kühlschrank, eine Propex Heizung und ein Autonet Wireless Hotspot.

16 Zoll-Räder und 2 Zoll Hubfedern geben dem Bus größere Bodenfreiheit und ermöglichen, überall in jedem Gelände zu fahren, und dann gibt es da noch die Lackierung von Ken Mitchell - ein automobiles Kunstwerk.

“ François und Lisa nahmen ihren Sohn Beaumont zum ersten Mal zum campen mit, als er gerade 10 Tage alt war. Sie fuhren zu einem Forst mit alten Mammutbäumen in Nordkalifornien, und zeigten ihm die Welt in einem Hain von 2.000 Jahre alten Bäumen, die sie 110m hoch überragten. ”

Enten-Confit

ZUTATEN ×4

4 Entenkeulen
2 EL grobes Meersalz
1/2 EL schwarzer Pfeffer, grob gemahlen
1 Bund Thymian
1 Bund Rosmarin
1 kleine Zwiebel, ungeschält, in Scheiben geschnitten
1 Knolle Knoblauch, ungeschält, grob gehackt
8 Tassen (2 Liter) Enten- oder Schweinefett

ZUBEREITUNG

Erster Teil: zu Hause

1. Die Entenkeulen mit grobem Salz und grobgemahlenem schwarzer Pfeffer würzen.
2. Den Thymian, Rosmarin, in Scheiben geschnittene Zwiebel und grob gehackten Knoblauch mischen. Um die Entenbeine verteilen und alles drei Tage im Kühlschrank lagern.
3. Die Entenbeine abwischen. In einer schweren Pfanne das Entenfett erhitzen und die Beine darin bei 150°C im Backofen für ca. 3 Stunden kochen. Das Fleisch ist fertig, wenn es gerade vom Knochen fällt.
4. Im Fett abkühlen lassen. Das Fett sollte die Entenbeine bedecken und sie in seinen goldenen Tiefen beschützen. Die Entenkeulen werden nun zusammen mit etwas von dem Fett für zukünftige Verwendung vakuumverpackt. Sie können auch genausogut in einem Schraubglas aufbewahrt werden, Hauptsache, das Fett bedeckt sie völlig.

ZUHAUSE VORBEREITEN

Zweiter Teil: im VW, mit toller Aussicht.

5 Die Entenkeulen aus dem Fett nehmen und mit der Haut nach unten in eine Pfanne legen. Bei mittlerer Hitze braten, bis die Haut knusprig und braun ist. Umdrehen und auch die andere Seite leicht bräunen. Essen!

EINFACHE VINAIGRETTE FÜR GRÜNEN SALAT

Eine Knoblauchzehe quetschen, eine Prise Meersalz und einen Spritzer Rotweinessig sowie einen großen Löffel Dijon-Senf und Bio-Rapsöl vermischen und dann mit einem Schneebesen gut verquirlen. Frischen Salat unterheben.

Tipp von Chefkoch:

Einige kleine Kartoffeln in leicht gesalzenem Wasser mit Rosmarintrieben kochen, bis sie sich mit der Spitze eines Schälmesser leicht einstechen lassen. Das Wasser abgießen, die Kartoffeln in zwei Hälften schneiden, und in heißes Entenfett werfen. Braten, bis sie hellbraun sind.

Überschüssiges Fett ablaufen lassen, vier zerdrückte Knoblauchzehen hinzufügen, etwas Meersalz und einen Esslöffel gehackte Petersilie. Braten, bis einem so das Wasser im Mund zusammenläuft, dass einem auch die Tränen kommen.

Über den Koch François:

François wuchs in einem sehr französischen Haushalt in Chicago auf. Er besuchte das sehr angesehene „New England Culinary Institute", bevor er in einigen der besten Restaurants und Landgasthöfen Amerikas arbeitete. Im Jahr 1995 absolvierte er eine Lehre bei dem weltbekannten Joel Robuchon in seinem Drei-Sterne-Restaurant in Paris.

Sein eigenes Restaurant Pili Pili kam 2003 in die Top Ten der Kategorie „bester Newcomer weltweit" des Food and Wine Magazin. Derzeit arbeitet François als Executive Chef im L'Auberge de Sedona mitten im wunderschönen Red Rock Country, wo er mit seinem handbemaltem Bus entlegene Ecken erkundet.

„Land voraus, Nachtlager gefunden!" rufen wir.

Pfannenfrittierte Makrele mit Meerrettich-Dillcreme

ZUTATEN x4

2 ganze Makrelen oder 4 Makrelenfilets

2 EL Olivenöl und/oder 2 EL Butter

Ein wenig Mehl

Salz und Pfeffer

MEERRETTICH-DILLCREME

1/2 Tasse (125 ml) Sauerrahm

1/2 Tasse (125 ml) Creme fraiche

1 EL gehackter Dill

1 Esslöffel Meerrettich

1 Tasse (250 ml) Erbsen

1 Tasse (250 ml) Apfelwein

Salz und Pfeffer

ZUBEREITUNG

Saure Sahne, Creme fraiche, Dill und Meerrettich zusammenrühren, abschmecken und würzen.

1 Das Öl in einer Pfanne erhitzen.

2 Die Makrelenfilets salzen und in dem Mehl wenden.

3 In der Pfanne auf jeder Seite ca. 3 min frittieren, dann auf Küchenkrepp legen, um überschüssiges Öl zu entfernen. Warm halten.

4 Die Erbsen mit dem Apfelwein in einer Pfanne über großer Flamme bei geschlossenem Deckel erhitzen und zum Kochen bringen. Sobald Sie köcheln, einen Teelöffel der Meerrettich-Dill-Creme einrühren und vom Herd nehmen.

5 Die Makrele mit den Erbsen servieren, mit einer guten Portion Sahnemeerrettich krönen.

Familie Baulch stammt aus Basingstoke in Hampshire. Dad James, Mama Dianne und die Kinder Jay, Laura und Finley lieben nichts mehr als mit ihrem Surf-Bus an den Strand zu fahren. *Campie*, wie die Kinder den Westfalia getauft haben, hat eine Vollrestaurierung hinter sich. Die Familie ist immer auf der Jagd nach Originalteilen, coolen Accessoires und zeitgenössischem Plunder. Sie suchen Kühlboxen, Picknickausrüstung, Körbe und Bücher, die zu dem Surf-Thema und der Farbe ihres Wohnmobils passen. Das alles macht ihren Bus besonders und bringt die Menschen zum lächeln, wenn sie ihn sehen.

NAME: CAMPIE
TYP: T2B BAUJAHR: 1973
MODELL: WESTFALIA CAMPER
FARBE: WEIß / KORNBLUMENBLAU

Busbrüder

MARTIN UND SUES BUS
TYP: T1 BAUJAHR: 1963
MODELL: DOPPELTÜR-CAMPER
FARBE: LICHTGRAU

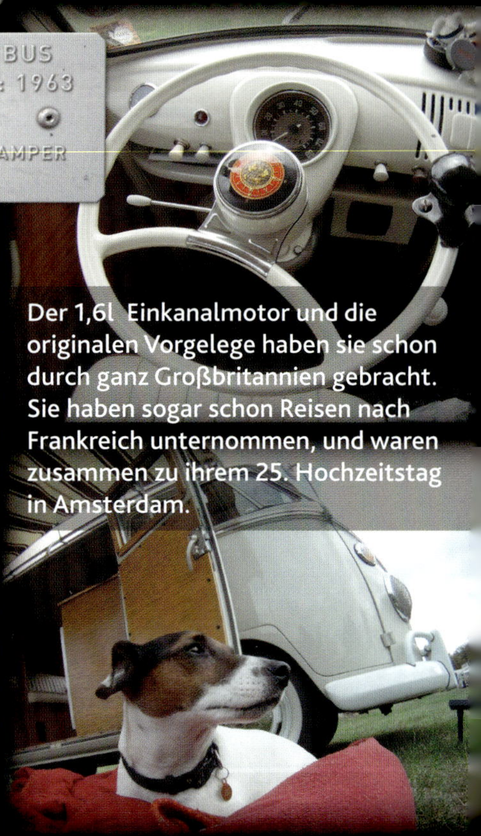

Der 1,6l Einkanalmotor und die originalen Vorgelege haben sie schon durch ganz Großbritannien gebracht. Sie haben sogar schon Reisen nach Frankreich unternommen, und waren zusammen zu ihrem 25. Hochzeitstag in Amsterdam.

Martin und Sue Sutherland mit ihren zwei Hunden Eddie und Trevor reisen mit Stil, in ihrem 1963er T1 mit beidseitigen Türen und freiem Durchgang. Ab Werk war der US-Import ein Kastenwagen, aber schon in grauer Vorzeit hat er airstream-Fenster und eine Campingausstattung nach „Sundial"- Vorbild erhalten.

FOTO: STEVE ROOKER

Dave und Jane Sutherlands 1967er Devon Torvette wurde einer dreijährigen rolling restauration unterzogen, nachdem sie sie 2003 gekauft hatten. Der Motor hat 1641ccm, und die Innenausstattung wurde von Jane aufgemöbelt. Die schöne Farbe ist ein Volkswagen-Leguangrün aus den späten 70ern mit Perlweiß, die professionelle Lackierung hat der jüngere Bruder Ian übernommen.

IAN UND DONNAS BUS
TYP: T3 BAUJAHR: 1983
MODELL: HOLDSWORTH VILLA CAMPER
FARBE: L98 TITANWEIß

Im Schlepptau ist ein sehr cooler "Rocket-tear" Anhänger, eine tolle Ergänzung zu ihrem Bus.

PHOTOS BY STEVE ROOKER

Ian und Donna Sutherland besitzen einen sehr besonderen und individualisierten Holdsworth Villa T3, Baujahr 1983. Er läuft prima mit seinem originalen wassergekühlten 1,9l Motor und Fünfganggetriebe.

Ihr Bus wurde mit vielen neuen Blechteilen umfassend restauriert und im originalen VW-Titanweiß lackiert.

Pasta mit Schwein und Honigsenf

ZUTATEN x4

Sowohl Schweinefleischfilet wie auch Huhn sind geeignet - etwa 150 g pro Person

400 g Linguine

1 EL Honig

1 EL Senf mit ganzen Körnern

1/2 Tasse (125 ml) Sahne

1/2 Tasse (125 ml) Hühnerbrühe

1 TL getrockneter Salbei

Schwarzer Pfeffer nach Geschmack

Ein wenig Öl und Butter zum Braten

Geriebener kräftiger Käse

ZUBEREITUNG

1 In einem großen Topf 3 Liter Wasser mit einer guten Prise Salz aufsetzen.

2 Während das Wasser heiß wird, das Schweinefleisch in 1cm dicke Medaillons schneiden. Die Brühe mit der Sahne, Honig und Senf in einem Krug vermischen. Das Schweinefleisch in einer Pfanne behutsam auf beiden Seiten anbraten und mit Salbei, Salz und Pfeffer würzen.

3 Nun die Sauce dazugeben, kurz aufkochen und dann bei geringer Hitze köcheln lassen, so lange, wie die Linguine zum garen brauchen - ca. 10-12 Minuten.

4 Die Nudeln abgießen und zur Sauce geben, unterheben und servieren. Mit kräftigem, geriebenem Käse garnieren.

B*ig Wilma* ist ein 1972er T2 Automatik mit Westfalia Continental Ausstattung, und sie gehört und erfreut Julie und Moira, die sie auch restauriert haben.

Die beiden sind die stolzen dreizehnten Besitzer des Busses. Zusammen mit ihrem Patterdale Terrier "Puca" bereisen sie gerne die Campingplätze in Großbritannien, besuchen VW-Shows und kochen über offenem Feuer.

"Wir tauschen gerne Rezeptideen mit Anderen auf dem thelatebay.com thread 'can cook will cook' und testen neue Rezepte auf unserem nächsten Camping-Ausflug."

Marshmallow Wraps

ZUTATEN (x4)

8 kleine Tortillas

4 EL Erdnussbutter

1 Tasse (250 ml) Mini-Marshmallows

1/2 Tasse (125 ml) Schokoladenstückchen

ZUBEREITUNG

1. Die Tortillas mit Erdnussbutter bestreichen und mit Marshmallows und Schokoladenstückchen bestreuen.
2. Entweder unter einem Gas- oder Elektrogrill schmelzen, oder die Wraps zusammenfalten, in Alufolie wickeln und kurz am Rand eines Grillfeuers braten.

When summer evenings are nice and hot,
The thing to do is to find a spot,
Where a barbecue can be set up,
So everyone can come and sup,
Relax with a bottle, and sit for a spell,
Which would be really nice and would end the day well,
And enjoy the light hearted, cheerful chatter,
With friends, who to you, truly matter.

Ernestine Northover

(Sind die Sommerabende schön und heiß,
Dann gilt es, einen Platz zu finden,
Wo ein Grill entzündet werden kann,
Da kann jeder kommen und was essen,
Bei einer Flasche entspannen, und sich zum Klönschnack setzen,
Das wäre wirklich schön und würde den Tag zum guten Abschluss bringen,
Und genießt das unbeschwerte, fröhliche Geschnatter,
Mit Freunden, die euch wirklich was bedeuten.)

Grill und

Lagerfeuer

FOTO: MIKE JOHNSON

„ Mossie, seine Frau Julie und ihre Tochter Lucy lieben es, mit ihrem Bus zu campen, und ihr bevorzugtes Ziel ist Cornwall. "

Gegrillter Blaubeer-lachs

ZUTATEN x4

500 g Lachs
1/2 Tasse (125 ml) Blaubeermarmelade
1EL Ketchup
1TL Apfelessig
1TL Knoblauchpulver
1TL Worcestershire-Sauce
1TL Dijon-Senf

ZUBEREITUNG

Alle 6 Zutaten zusammenrühren, dann die Marinade vor dem Grillen auf den Lachs streichen.

Mit einem einfachen Perlcouscous-Salat servieren.

1 Tasse (250 ml) Perlcouscous in 2 Tassen (500 ml) Salzwasser für etwa 15 Minuten kochen. Abtropfen lassen und mit einer Handvoll gehackter Spinatblätter, einer Prise getrockneter Chili-Flocken, einem Spritzer Zitrone und einem Schuss Olivenöl vermischen. Abschmecken und servieren.

Perlcouscous bekommt man in arabischen Lebensmittelläden, meist als Mograbiah oder Maftoul, er ist aus Hartweizengrieß zu Perlengröße gerollt. Man kann den Salat aber auch aus gewöhnlichem Couscous machen.

NAME: BEZZA
TYP: T1 BAUJAHR: 1955
MODELL: KLEINBUS, 11 FENSTER
FARBE: STAHL, AUFKLEBER & ROST

Dies ist der Bus von Mossie namens *Bezza*, 1955 in Wolfsburg gebaut und ursprünglich nach Bern in die Schweiz ausgeliefert. 2005 fanden umfangreiche Umbaumaßnahmen an Bezza statt, fast alle Karosserieteile unter der Gürtellinie mussten ersetzt oder mit Reparaturblechen ergänzt werden, die Bremsen wurden mit CSP Scheibenbremsen, Zweikreishauptbremszlinder und neuen Belägen modernisiert. Eine Zahnstangenlenkung von Creative Engineering sorgt für präzisen Geradeauslauf. Um 3,5 Zoll tiefergelegte Achsschenkel von Wolfgang International und eine um 4 Zoll schmalere Vorderachse mit Rastplatten von Slamwerk haben Bezzas Nase abgesenkt, an der Hinterachse taten es verstellbare Drehstabschwerter und geänderte Drehstäbe.

Mooneyes Speedmaster Räder und einstellbare GasSpax sorgen für Fahrkomfort, und um den Vortrieb kümmern sich 1776ccm vor einem Python-Auspuff aus Edelstahl, zwei Weber 40 IS und ein Rancho Pro-Street Getriebe. 120kmh ist das übliche Marschtempo.

“ Ich habe noch den originalen Fahrzeugbrief vom Erstbesitzer ”

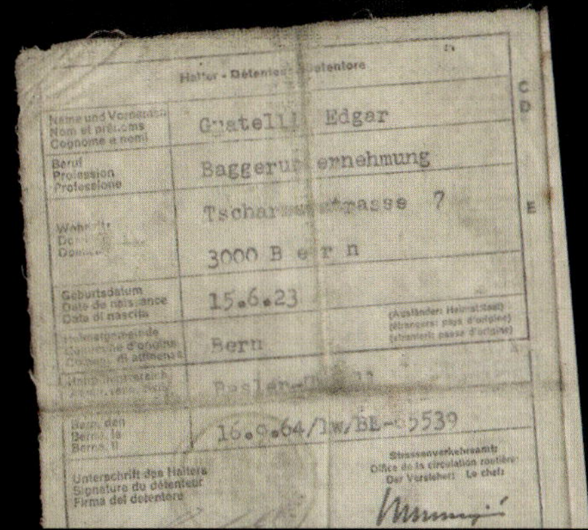
Halter - Détenteur - Detentore
Name und Vorname / Nom et prénom / Cognome e nome
Beruf / Profession / Professione
Baggerunternehmung
3000 Bern
Geburtsdatum / Date de naissance / Data di nascita
15.6.23
Bern
16.9.64
Unterschrift des Halters / Signature du détenteur / Firma del detentore
Strassenverkehrsamt

Creative Engineering Produkte sind hier überall verbaut: rahmenlose Ausstellfenster an den Seiten, Safaris vorne, Dachgepäckträger mit Edelstahlleiter, und eine Schlafsitzbank über die volle Breite.

NAME: BUZZZ
TYP: T1 BAUJAHR: 1967
MODELL: KLEINBUS 11 FENSTER
FARBE: MATTGRAU & ROST

Marcel Miller arbeitet für Kieft en Klok und macht Sattlerarbeiten, von original bis Crazy Custom.

"Ich habe meinen Bus bei Kieft en Klok gekauft. Es ist aus Berkeley, Kalifornien und gehörte einem Hippie. Das ganze Auto war innen lila!

Ich habe 4 Liter Verdünner gebraucht, um alles abzubekommen! Ich habe beschlossen, ihn grau zu lackieren und 3 Winter draußen stehen zu lassen, und das ist das Ergebnis. Jetzt hat er Persönlichkeit und Charakter, mit jeder Menge Aufkleber und Talismanen."

Zutphen, Niederlande

Kieft en Klok's BBQ Angus Beef Burger

ZUTATEN x4

1 kg Hackfleisch vom Angus-Rind
4 EL Zwiebelpulver
1/4 Tasse (60 ml) geröstete Croutons
2 Knoblauchzehen, zerdrückt
Salz und schwarzer Pfeffer

Weiße Hamburgerbrötchen
Rote Zwiebel (in Ringe geschnitten
Mississippi BBQ-Sauce
Tomaten
Salat

ZUBEREITUNG

1 Alle Burgerzutaten vermengen, bis sie zu einer festen Masse werden. Mit den Händen oder geeignetem Werkzeug flache Bouletten formen.

2 Das Fleisch auf dem Grill garen. Die Brötchen kurz anrösten.

3 Die gegrillten Bouletten auf die Brötchen legen (mindestens drei pro Hamburger!), Mississippi BBQ-Sauce, Zwiebelringe und alle anderen Bauteile auflegen. Mit beiden Händen zugreifen und genießen!

Alyce Pearson stammt aus Queensland, Australien. Alyce liebt es, mit ihrem 78er T2b *Applejack* in Australien herumzureisen und die Musikfestivals auf dem Weg zu besuchen. Sie hat ihren Freund über den Bus kennengelernt, und inzwischen arbeiten Beide für "Kombi Australia". Sie haben den 2l Flachmotor generalüberholt, die Karosserie gelb lackiert und das Interieur an ihre Bedürfnisse angepasst, einen Faltsitz hinter dem Beifahrersitz und einen Klapptisch eingebaut, um mehr Komfort beim Kochen und Campen zu haben.

NAME: APPLEJACK
TYP: T2B BAUJAHR: 1978
MODELL: CAMPER MIT HUBDACH
FARBE: GELB / WEIß

Orangenschwein & Ananasspieße

ZUTATEN (×4)

600 g Schweinelende, in dünne Scheiben geschnitten
1 Ananas
1 Zwiebel
2 rote Paprika

MARMELADENMARINADE

4 EL Orangenmarmelade
4 TL Sojasauce
1 TL Sesamöl
Ein wenig warmes Wasser
Eine Prise schwarzer Pfeffer

ZUBEREITUNG

1. Die Zutaten für die Marinade in einem Gefrierbeutel durchmischen. Darin das geschnittene Schweinefleisch für mindestens zwei Stunden marinieren.
2. Die Ananas in ziemlich große Würfel schneiden, Paprika und Zwiebeln genauso.
3. Das marinierte Schweinefleisch, Ananas, Paprika und Zwiebel auf Schaschlikspieße fädeln. Mit der restlichen Marinade bestreichen, dann auf den Grill legen, von Zeit zu Zeit wenden.
4. Für ca. 15 Minuten grillen, bis alles gut durch ist.

„Alyce lernte ihren Freund wegen Applejack kennen, und nun restaurieren beide zusammen Busse für Kombi Australia"

Gegrilltes Lamm & Minzpesto

ZUTATEN ×4

8-10 Lammkoteletts
4 EL Olivenöl
1 EL Rosmarin
1 Zitrone, Saft und Schale
Salz und Pfeffer

ZUBEREITUNG

Das Lammfleisch in einem Gefrierbeutel mit dem Öl, Rosmarin, Zitronensaft, Zitronenschale und mit Salz und Pfeffer marinieren, für ein paar Stunden kühl stellen.

Dann über mittlerer bis hoher Hitze grillen, etwa 3 Minuten auf jeder Seite.

MINZPESTO

Um das Pesto herzustellen braucht man:

3/4 Tasse (200 ml) Minzblätter
1/4 Tasse (60 ml) geröstete Pinienkerne
1/4 Tasse (60 ml) Erbsen
1/2 TL fein geriebene Zitronenschale
4 EL kaltgepresstes Olivenöl
1 TL Salz

ZUBEREITUNG

Alle Zutaten in einer Küchenmaschine oder mit einem Stabmixer vermischen, das Öl dabei nach und nach in kleinen Portionen dazugießen. Dann in einem Glas aufbewahren, mit etwas Öl als Deckschicht.

Das Lamm mit Couscous servieren. Mit etwas Ziegenkäse, Harissa oder Kräutern kann man das Gericht noch mit zusätzlichen Aromen ergänzen.

Es gibt eine weitere Möglichkeit, Minzpesto herzustellen, die schnelle und simple Methode für unterwegs: einfach 1 EL Minzsauce mit 3 EL Basilikum-Pesto mischen.

OosBuske – der 1969er t2a gehört der Halman-Familie. Jeroen und Anja, Tochter Shenna, Söhne Jaran und Mauro und ihr Hund Juul stammen aus den Niederlanden. Ihr Bus hat das Werk als Lieferwagen mit Fenstern verlassen und wurde von einer holländischen Erdbeerfarm verwendet. Irgendwann in den siebziger Jahren wurde er an einen Tischler verkauft, der ihn ein paar Jahre benutzt und dann an einen Studenten weitergegeben hat, der ihn zu einem Eigenbaucamper umbaute.

Im Jahr 2005 hat ihn dann Jeroen gekauft und mit der Restaurierung begonnen, aber er musste schnell einsehen, dass die mit seinen Mitteln Jahre dauern würde! In dieser Phase dachte er darüber nach, den Bus wieder zu verkaufen, aber dann bot ihm sein Onkel seine Hilfe an und spendierte das Geld fürs Sandstrahlen.

Vom Bus war nach dem Strahlen nicht mehr viel übrig, aber die folgenden drei Jahre ging die Restaurierung Schritt für Schritt weiter. Mithilfe von 17 Freunden wurde die Karosserie eines Tages in der Garagenauffahrt auf den Kopf gestellt, dann schweißte Jeroen den Unterboden bei frischen 6° Minus. Wiederhergestellt wurde der Bus als Neunsitzer mit Schiebefenstern und Weißwandreifen. Zum Zubehör gehören ein original Hella Ventilator mit Saugnapffuß und ein Helphos Suchscheinwerfer

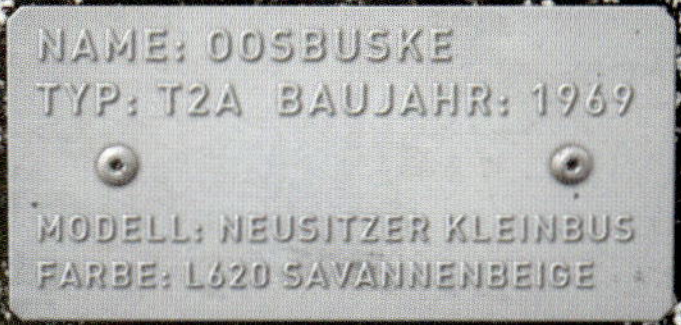

„Vier Tage haben wir bis nach St. Tropez gebraucht. Wir campten, wenn und wo die Sonne unterging, während die Kinder unter dem Regenbogen spielten."

“ Mein Ziel ist Zuverlässigkeit und genügend Performance, um im heutigen Verkehr mitschwimmen zu können ”

Die Berggren Familie liebt und genießt ihren Westy aus Kalifornien. Als Anders den frisch importierten t2a erworben hatte, lief er noch mit einer 2332ccm Maschine, aber nach 20 Jahren war der getunte Motor ganz schön müde geworden.

Im ersten Winter haben dann Anders und sein Freund Hasse Lundelius einen frischen 1,6l Zweikanalmotor montiert, aber den zusätzlichen Ölkühler und die 44er Weber weiterverwendet, genauso wie das verstärkte Getriebe.

Belüftete Scheiben verbessern das Bremsverhalten, und es gibt sogar einen Kompressor an Bord – allerdings nur im Kühlschrank.

"Wir nutzen den Bus intensiv und gehen jeden Sommer auf Tour, immer mit einem Abstecher zum Bussfest"

NAME: WESTY
TYP: T2A BAUJAHR: 1971
MODELL: WESTFALIA CAMPER
FARBE: L31H CHIANTIROT

Scharfe Hähnchenhaxen

ZUTATEN x4

1 kg Hähnchenunterschenkel
1 Tasse (250 ml) Orangensaft
6 EL brauner Zucker
1 EL Essig
1 EL Öl
2 TL Cajun-Gewürz
1 TL scharfes Chili-Pulver
1 TL Tabasco-Sauce
1 TL Speisestärke

ZUBEREITUNG

1 Alle trockenen Zutaten gründlich mischen.

2 Essig, Tabasco und Orangensaft dazugeben und gut verrühren, um eine klebrige Marinade zu erhalten.

3 Die Hähnchenschenkel waschen und mit der Marinade bestreichen. Das Ganze in einen Gefrierbeutel füllen und in der Kühlbox oder dem Kühlschrank des Campers verstauen.

4 Auf einem Grill etwa 15-20 min gut durchgaren.

FOTO: LENNART HANNU

Portobello & Roquefort Burgers

ZUTATEN x4

- 4 Burgerbrötchen
- 4 marinierte Riesen-champignons (Portobello)
- 100 g Roquefort oder ähnlicher Blauschimmelkäse
- Tomatenscheiben, Gurke, Salate

FÜR DIE MARINADE

- 1/2 Tasse (125 ml) Olivenöl
- 2 EL Apfelessig
- 1 EL getrocknetes Basilikum
- 1 EL getrockneter Oregano
- Ein Spritzer Zitronensaft
- Salz und Pfeffer

ZUBEREITUNG

Marinade: Die Zutaten für die Marinade in einen Frischhalte- oder Gefrierbeutel geben und vermischen. Dann die Pilze einlegen, die Luft soweit wie möglich aus dem Beutel drücken und ihn mit einem Clip oder einem Knoten verschließen. Die Pilze in dem Beutel ein wenig kneten, damit die Marinade gut eindringen kann, und mindestens 15 Minuten in den Aromen baden lassen.

Burger: die Pilze über mittlerer bis hoher Hitze auf einem Grill oder einfach nur in einer Pfanne garen. Wenden und auf jeder Seite ca. 5 – 8 Minuten durchbraten. Übrig gebliebene Marinade auf die Pilze streichen.

Den Käse für die letzten 2 Garminuten auf die Pilze legen. Wenn der Käse geschmolzen ist, die Burger nach den individuellen Vorlieben zusammenstellen.

„Wilma kehrte nach 35 Dienstjahren in Afrika zurück nach Großbritannien"

NAME: WILMA
TYP: T2A BAUJAHR: 1969
MODELL: WESTFALIA CAMPER
FARBE: L87 PERLWEIß

Mike Colegate & Leah Clarke leben in Poole, in der Grafschaft Dorset in Südengland, zusammen mit Harvey, ihrem Hund, und *Wilma* - ihrem 1969er Westfalia Camper. Den Bus völlig original zu belassen war ursprünglich gar nicht ihre Absicht, aber sie haben schnell festgestellt, dass eigentlich nichts an ihm verbessert werden könnte – deshalb blieb dieser t2a in genau dem Zustand, in dem er ursprünglich das Werk verlassen hatte. *Wilma* war über 35 Jahre in Afrika, bevor sie nach England zurückkehrte.

„Ich habe ihn komplett entlackt und innen und außen in den Originalfarben neu lackiert."

Manabu alias *Busrider* fand seinen Samba im Jahr 1994 in San Jose, Kalifornien. Er stand ohne Motor im Hinterhof des Verkäufers, und so ziemlich die gesamte Innenausstattung und fast alle Anbauteile fehlten. Manabu nahm ihn "wie besehen" für 2000 Dollar mit.

Im Laufe der nächsten Jahre kaufte und sammelte er alle fehlenden Teile Stück für Stück zusammen, und bald darauf war sein Samba wieder komplett. Vor der Reise nach Japan wurde er lackiert, und nach der Ankunft in Manabus Heimat bekam er einen 1885ccm Motor. Tiefergelegt wurde er mit einem Luftfahrwerk von Wagenwest in Kalifornien, das Lenkgetriebe wurde versetzt und die Radläufe getunnelt. Die Umbauten hat der japanische VW-Spezialist "K´s collection" durchgeführt.

NAME: BABY
TYP: T1 SONDERMODELL
BAUJAHR: 1959
MODELL: SAMBA 23 FENSTER
FARBE: GRAUBEIGE / SIEGELWACHSROT

Teriyaki Grillfleisch

ZUTATEN FÜR DIE MARINADE

1/3 Tasse (80 ml) Sojasauce

1 EL frisch geriebener Ingwer

3 EL Zucker

1 EL Sake

1/2 Tasse (125 ml) Mirin (stark gesüßter Sake)

Rib-Eye-Steak oder Filetsteak, etwa 150 g pro Person

ZUBEREITUNG

1 Das Rindfleisch vorbereiten, indem man es in einem Winkel von 45 Grad ein paar Millimeter tief einschneidet, etwa jeden Zentimeter. Durch die Schnitte kann die Marinade tiefer in das Fleisch eindringen.

2 Die Zutaten für die Marinade zusammenrühren und in einen Plastikbeutel füllen (gerne doppellagig, um Leckagen zu vermeiden!). Das Rindfleisch einlegen und den Beutel mit einem Knoten oder einer Klammer schließen.

"Mindestens ein paar Stunden marinieren, je länger desto besser. Idealerweise setzt man alles an, bevor man mit dem Bus startet, dann kann während der Fahrt das Fleisch schön durchziehen"

3 Die traditionelle Art der Zubereitung ist das scharfe braten über einem sehr heißen Grill, so dass das Innere des Steaks roh bleibt, und das Äußere gut durch ist.

"Die restliche Marinade aufkochen und mit ein wenig Maismehl zu einer schönen dicken, klebrigen Soße andicken."

Mit Reis und kurzgegartem Gemüse servieren.

Scharfe Lammburger

ZUTATEN x4

500 g Lammhackfleisch

1 kleine Zwiebel, fein gehackt

1 EL Mango-Chutney

2 cm langes Stück frischer Ingwer, geschält und gerieben

1 rote Chili, entkernt und fein gehackt

1/2 TL gemahlener Kurkuma

1 TL gemahlener Koriander

1 TL gemahlener Kreuzkümmel

Salz und Pfeffer

Öl zum Bestreichen

"Am besten ist nicht zu mageres Hackfleisch, weil das Fett die Burger binden hilft und sie beim braten saftig hält"

ZUBEREITUNG

1 Das Lammhack in einer großen Schüssel mit dem Knoblauch, Zwiebel, Mango-Chutney, Ingwer, gehacktem Chili, Kurkuma, Koriander und Kreuzkümmel vermischen. Nach Geschmack mit Salz und Pfeffer würzen. Mit den Händen durchkneten, bis alle Zutaten gut vermengt sind.

2 Die Hackfleischmischung in 4 große Burger formen. Um den Geschmack zu überprüfen, kann man ein kleines Bisschen in etwas Öl braten, probieren und bei Bedarf der Mischung Kräuter und Gewürze zugeben. Am besten werden die Burger, wenn man sie schon einen Tag vor dem braten vorbereitet.

3 Die Burger vor dem braten mit etwas Öl einpinseln, damit sie nicht kleben. Über mittelheißen Kohlen auf jeder Seite für einige Minuten grillen.

Diese Zutaten ergeben eine leckere, frische Soße als Krönung der Burger:
1 Tasse (200 ml oder 200 g) griechischer Joghurt
Ein paar Zweige frische Minze, gehackt
1/2 TL gemahlener Kreuzkümmel
Salz und Pfeffer

Das Fleisch in Burgerbrötchen oder Fladenbrot anrichten.

Gert und Nele Vervaeren-Aerden aus Belgien lieben die Reisen mit ihrem T2 und die Kameradschaft der Bullifahrer, denen sie auf ihrem Weg begegnen.

Ihr 1600ccm Motor hat sie durch ganz Europa gebracht, von Schweden, Dänemark und Deutschland bis nach Holland und der Schweiz.

Der Bus war die meiste Zeit seines Lebens ein Arbeitstier. Er brachte Bauarbeiter zu ihrer Baustelle und wieder nach Hause, bevor sein letzter Besitzer ihn in einen Camper umbaute.

“ 9 Käfer und unser Bus kamen zu unserer Hochzeit. Auf der Hochzeitsreise fuhren wir zum dritten Mal zum VW Treffen in Chateau d'Oex, weil das so unglaublich gut ist. ”

NAME: BUS
TYP: T2B BAUJAHR: 1979
MODELL: REIMO AUSSTATTUNG
FARBE: MARIONGELB / PASTELLWEIß

Garnelenkebab & Mangodressing

ZUTATEN (x4)

200 g Shrimps / Garnelen
180 g Speck
2 Paprika
1 rote Zwiebel
(1 Limette)

MANGODRESSING

150 g Mangofleisch (etwa eine Frucht)
1/2 Tasse (125 ml) Wasser
1 TL Rotweinessig
2 TL Reisessig
2 TL Olivenöl
Prise Salz

„Matt und Rachel Bourne, ihr Sohn Jake und ihre Tochter Emily leben in Worcestershire. Sie sind Mitglieder der Ditch Dubber“

ZUBEREITUNG
Speck, Paprika und Zwiebeln in große Würfel schneiden, die Limette in Spalten. Garnelen, Speck, Paprika und Zwiebeln auf Schaschlickspieße schieben (wenn man möchte, kann man auch Limettenspalten dazwischenspießen). Spieße aus Holz sollte man vorher in Wasser einlegen, damit sie nicht verbrennen. Auf dem Grill bei mittlerer Hitze etwa 10-15 Minuten garen, bis der Speck und die Garnelen gut durch sind.
Dressing: alle Zutaten in einen Mixer gut pürieren, abschmecken und bei Bedarf nachwürzen. In Flaschen oder Gläser abfüllen und bis zur Verwendung kühl aufbewahren.

NAME: CASPER
TYP: T1 BAUJAHR: 1959
MODELL: 11 FENSTER KOMBI
FARBE: L221 STEINGRAU

Redditch, Worcestershire, England

Dieser Bus war in Laem Sing eingesetzt, in der Provinz Chonburi, Thailand, bevor er 2006 nach Großbritannien kam und in den Zustand gebracht wurde, in dem man ihn hier sieht. Als wir Casper gekauft haben, mussten wir ihn aus Southampton abholen. Wir brauchten etwa 3 Stunden für den Hinweg, aber mehr als 7 Stunden für die Fahrt nach Hause! Wir sind mehrfach liegengeblieben, und haben uns schon gefragt, was um Himmels willen wir da eigentlich gekauft hatten.

Am nächsten Tage haben wir den Motor ausgebaut, gewartet und eingestellt, und den Benzintank gründlich gereinigt. Dort fanden wir eine etwa 3mm dicke Schicht Rostpartikel, die wahrscheinlich für die Pannen verantwortlich waren. Seit diesem großen Service und mit der üblichen liebevollen Fürsorge, die er bei uns bekommt, hat er uns nie mehr im Stich gelassen.

“ Unseren Bus benutzen wir häufig für Picknicks, Tagesausflüge, und vermieten ihn auch für Hochzeiten ”

Heilbutt & Tomatenbutter

ZUTATEN x4

600g Heilbutt
Etwas Öl

TOMATENBUTTER

75 g weiche Butter
2 EL Tomaten-Pesto
1 TL Chilipulver
Salz und Pfeffer

ZUBEREITUNG

Den Fisch mit etwas Öl einreiben, bei mittlerer Hitze etwa 10 Minuten auf jeder Seite grillen. Wenn der Fisch auf dem Grill liegt, sollte er besser nicht mehr bewegt werden, bis man ihn wendet.

"Wenn es windig ist, kann man eine große Pfanne über den Fisch stülpen, um die Hitze zu reflektieren und ihn schneller zu garen"

Die Butter: Alle Zutaten zusammenmischen, dann in Alufolie zu einer Wurst formen und kalt stellen. Wenn der Fisch fertig ist, schneidet man eine Scheibe von der Butter ab und legt sie auf den heißen Fisch, sie schmilzt und wird zu einer leckerer, aromatischen Sauce.

Zum Heilbutt passen gut junge Kartoffeln, in sehr dünne Scheiben geschnitten und in etwas gewürztem Öl und Butter gebraten

Das ist Ula, ein Schnautzer mit Strandblick.

„Mit VWs bin ich infiziert worden, als ich mit meinem Kumpel Matt in Australien surfen war und wir 9 Monate in einem Camper herumgereist sind."

BESITZER: DARREN & NICKI
TYP: T1 BAUJAHR: 1965
MODELL: KOMBI
FARBE:
L360 MEERBLAU / L289 BLAUWEIß

Unseren Bus haben wir bis aufs nackte Blech abgeschliffen, unten herum ein wenig geschweißt und dann in den originalen Farben neulackiert, Meerblau und Blauweiß. Ich habe ihn neu aufgebaut und hinten ein IRS-Kit, vorne CSP-Scheibenbremsen montiert. Der Motor hat 1641ccm und Doppelvergaser. Die Innenausstattung habe ich selbst gebaut, aus Eiche, ich bin gelernter Schreiner. Eines meiner liebsten Details an meinem Bus ist der Vorhangstoff, den ich letztes Jahr in Australien gekauft habe, darauf sind Kängurus beim grillen. Ich muss jeden Morgen lächeln, wenn ich sie öffne – sie erinnern mich an viele gute Stunden. Genau wie die Kängurus grillen auch wir gerne, und auf meinen Burgern liebe ich Rote Beete und Ei – Aussie style!

Huhn mit Honig & Ziegenkäse

NAME: MOBY (DER WEIßE WAL)
TYP: T2B BAUJAHR: 1973
MODELL: KLEINBUS/CAMPER
FARBE: WEIß MOTOR: 2L

Melbourne, Victoria, Australien

ZUTATEN (x4)

600 g Hähnchenbrustfilets
Zerbröckelter Ziegenkäse als Topping

HONIG UND ZITRONEN-MARINADE

4 EL Olivenöl
1 EL flüssiger Honig
1 Knoblauchzehe, zerdrückt
Ein paar Zweige frischer Rosmarin
Salz und Pfeffer
1 Zitrone, in Spalten geschnitten

ZUBEREITUNG

1 Öl, Honig, Knoblauch, Rosmarin, Salz und Pfeffer einer Plastiktüte vermischen. Die Zitronenspalten in die Marinade geben und in der Tüte den Saft herausdrücken.

2 Das Hühnerfleisch in dünne Filets schneiden. Die Filets zu der Marinade in die Plastiktüte stecken und mindestens eine Stunde marinieren.

3 Das Fleisch über mittlerer bis starker Hitze grillen. Es wird nicht lange brauchen, weil die Filets so dünn sind. Dazu passt gegrilltes Gemüse und der zerbröckelte Ziegenkäse.

„Ich nehme Kombi gerne zu Partys mit; oft wird er dort zu einer zusätzlichen Attraktion. Auf einer Flugplatzparty ging mal die Stereoanlage kaputt, da habe ich Kombi in den Hangar gefahren, damit wir seine Anlage benutzen konnten. Wir tanzten auf seinem Dach und machten Purzelbäume aus dem Hochbett.“

Das sind Cath und ihr Kombi aus Südaustralien. Cath war Fallschirmspringerin (der Bus war ihr Schlafraum am Landeplatz). Sie liebt Kostüme und Verkleidungen, die Kochkünste ihres Freundes und Mango Daiquiris.

"Es war Liebe auf den ersten Blick mit Kombi und mir - aber leider stand er gar nicht zum Verkauf. Ich belästigte den Besitzer so lange, bis er Monate später nachgab und ihn doch an mich verkaufte. Danach habe ich mich auf die Suche nach zwei Wohnungen gemacht - eine für meine Bedürfnisse, und eine solide Garage für Kombi. Zu den Besichtigungen erschien ich mit einem Maßband und habe zu allererst das Garagentor ausgemessen; wenn Kombi hier nicht durchpasste, bin ich erst gar nicht mehr in das Haus gegangen."

“ Das Armaturenbrett beinhaltet Instrumente vom 911er und 914er Porsche ”

Cajun-Gewürz für Grillsteaks

ZUTATEN

2 TL getrocknete, gemischte Kräuter
2 TL Paprikapulver
2 TL Knoblauchgranulat
2 TL frisch gemahlener schwarzer Pfeffer
1 TL getrocknete Zwiebeln
1/2-1 TL Cayennepfeffer
1 TL Salz

ZUBEREITUNG

Alle Zutaten in einem Mörser zerstoßen, bis man ein feines Pulver erzeugt hat. Das dann in einem schönen Gefäß im Bus aufbewahren, bis man beim nächsten Barbecue Lust auf etwas Scharfes hat.

Anwendung: einfach Steaks oder Fisch mit der Gewürzmischung großzügig einreiben, und für mindestens 30 Minuten vor dem Grillen ruhen lassen, so dass die Cajun-Aromen Gelegenheit haben, gut einzuziehen.

Beim grillen sollte man es vermeiden, die Steaks anzustechen oder gar darin herumzustochern, denn man möchte ja den Geschmack im Fleisch behalten, und nicht den Bratensaft in die heißen Kohlen vergießen.

Ein Gewürzglas mit dieser Cajun-Mischung kann man gut irgendwo im Bus verstauen. Sie hält sich lange, und passt gut zu Fisch oder Fleisch, einfach einreiben und auf den Grill damit.

Dies ist der Porsche-Bus - der 1973er Kastenwagen gehört Filip & Salla Fischlein aus Högestad in Südschweden. Filips Absicht war es, einen "70er Jahre Rennwagenbus im german-style" zu bauen. Er hat ihn umgemodelt und untenliegende Blinker angepasst, um ihm ein t2a Gesicht zu geben, und dann eine ganze Kollektion von Porscheteilen verbaut, alle von vor 1974, die er über sechs Jahre zusammengesammelt und komplettiert hat. Als die Zeit für den Zusammenbau gekommen war, hat er nur vier Monate dafür gebraucht.

Er ist mit Teilen aus Zuffenhausen gespickt, einschließlich einem 2,2l 6 Zylinder-Motor, einem 915 turbo 4 - Getriebe, 911er RS Bremsen, 15" Fuchsfelgen und Rennsitzen aus einem 914.

Skåne, Schweden

NAME: DER PORSCHE BUS
TYP: T2AB BAUJAHR: 1973
MODELL: RENNBUS REPLIKA
FARBE: ORANGE MIT SCHRIFTZUG

“ Filip und sein Sohn Jens sind mit ihrem Porsche-VW-Bus nach Deutschland gefahren und haben den Oldtimer-Grand-Prix auf dem Nürburgring besucht ”

Curry-Ketchup

ZUTATEN

1/2 Tasse (125 ml) Tomatenmark
1/4 Tasse (60 ml) Ketchup
1 EL Senf
1 Esslöffel Worcester-Sauce
1/4 Tasse (60 ml) Honig
1 TL Salz
1 EL Essig
1 EL Öl
1 EL Currypulver

ZUBEREITUNG

Alle Zutaten mit einem Mixer bei hoher Drehzahl gründlich verquirlen, die Sauce in Gläsern oder Flaschen abfüllen und kühl aufbewahren.

Für den vollen Genuss braucht man allerdings noch die Volkswagen-Wurst. Wenn man also nicht zufällig gerade das Museum in der Autostadt in Wolfsburg besucht hat und dort ein paar der berühmten Currywürste aus dem VW-Werk (was für ein Ort!) verdrückt hat, gibt es hier die Alternative:

Würstchen kochen und in kleine mundgerechte Stücke schneiden. Auf einem Teller oder in einer Schale anrichten und dann mit der Currysauce einschlämmen. Typischerweise reicht man dazu ein Brötchen.

In der Autostadt sollte man nicht den Besuch im Laden neben dem Restaurant versäumen. Hier findet man viele schöne Dinge und man bekommt die VW Curry-würste sowie den berühmten Curryketchup.

Die Erfindung der Curry Wurst wird Herta Heuwer aus Berlin zugeschrieben; 1949, nachdem sie Ketchup, Worcestersauce und Currypulver von britischen Soldaten bekommen hatte. Sie mischte diese Zutaten mit anderen Gewürzen und goss sie über gegrillte Wurst aus Schweinefleisch.

Heuwer beginnt mit dem Verkauf dieses billigen, aber sättigenden Snacks an einem Straßenstand im Berliner Stadtteil Charlottenburg, wo er schnell beliebt wird bei den Bauarbeitern, die mit dem Wiederaufbau der verwüsteten Stadt beschäftigt waren. Erst Jahre später, im Jahr 1959, lässt sie sich ihre Sauce patentierten - als *Chillup*™. Auf seinem Höhepunkt verkaufte der Stand 10.000 Portionen pro Woche. Heutzutage werden jedes Jahr in Deutschland geschätzte 800 Millionen Portionen Currywurst verkauft.

Dieser supercoole Bus ist im Besitz von Bas van Hest in Holland. Die meiste Zeit seines Lebens diente er als Feuerwehrauto. 2002 bekam er eine Komplettrestaurierung inklusive Neuaufbau der Karosserie, und er hat seit 1959 jeden einzelnen Stempel im Serviceheft.

Gebäck & Snack

Ideal für die erste Nacht beim Camping, für das Picknick im Grünen, einen Tag an der Küste oder für den kurzen Zwischenstopp auf einer langen Autofahrt.

FOTO: STEVE ROOKER

Mike Johnson, Ehefrau Susie, die Steppkes Harry und Wilfred und ihr verrückter Staffordshire Bullterrier namens Mabel leben in Southampton, England.

Dies ist ihr 59er Kombi aus Australien. Die Johnsons kauften ihren Bus 2004, und als er bei ihnen ankam machten sie bei der ersten genaueren Untersuchung in den verborgenen Ecken und Winkeln interessante Funde. Mike entdeckte einige australische Kupfermünzen und eine Brieftasche, eine Schachtel Streichhölzer, eine Karte von Victoria (der Kombi kam aus Morwell, ein Kohleabbaugebiet in Victoria) und eine Quittung von einem lokalen Chiropraktiker, zusammen mit einer Packung starker Schmerzmittel. Vielleicht Relikte vom Vorbesitzer und Folgen der holprigen Straßen Australiens?

Der Kombi ist so ziemlich im Originalzustand und läuft noch mit dem ursprünglichen 6V 30PS Motor und Getriebe und mit den Vorgelegegeboxen. Nach 5 Jahren Betrieb mit den originalen Winkern gab Mike schließlich auf und montierte wieder die alten Blinker, die der Bus irgendwann in den 70er Jahren bekommen hatte.

"Die Winker waren wirklich cool, aber im Verkehr leider völlig nutzlos!"

Im Laufe der Jahre hat die kombiverrückte Familie einen Schrank aus dem Devon-Programm von 1959 nachgerüstet, ein guter Freund hat ihn für sie nachgebaut. Jahrelanges Suchen zahlte sich schließlich aus, als Mike ein Dachzelt von 1967 des italienischen Hersteller *"Air-Camping"* bekommen konnte.

Die Familie liebt es, weil der Aufbau nur ein paar Sekunden dauert und es den Blechdachkombi so wesentlich praktischer macht, vor allem mit zwei kleinen Jungs!

Als sie auf der Suche nach einem Bus war, wurde die Familie Mitglied im Split Screen Van Club (SSVC). Sie mochte die Clubzeitschrift und fand das Online-Forum wirklich hilfreich, wichtiger war es aber, dass sie über den Club viele wirklich gute Freunde kennengelernt hat.

Mike und Susie sind mittlerweile sehr aktiv im SSVC. Mike editiert das Splitscreen Scene Magazine, das alle paar Monate erscheint, und Susie kümmert sich um die Verlängerungen der Mitgliedschaft. Mike ist auch ein begeisterter Fotograf, Radfahrer und mag alle historischen Dinge, einschließlich Kleidung, Rennräder und natürlich VWs.

"Wir waren über die Jahre auf ein paar VW-Shows, aber abgesehen von ein paar Ausnahmen scheuen wir die großen Veranstaltungen und bevorzugen informelle Campingausflüge mit Freunden oder kleinere, lokale Treffen. Gute Gesellschaft, schöne Landschaft, Platz für die Kinder zum Spielen, Grills und Bier auspacken, ein Lagerfeuer machen, das sind die Zutaten für eine wirklich gute Zeit."

Pasties

ZUHAUSE VORBEREITEN

ZUTATEN x4

300 g Mürbeteig (siehe Seite 159)
225 g Rindfleisch - Rumpsteak
1 mittelgroße Zwiebel
1 große Kartoffel
1 kleine Kohlrübe
1 geschlagenes Ei oder Milch, für die Glasur
Salz und schwarzer Pfeffer

ZUBEREITUNG

Ofen auf 220°C vorheizen (Gas Stufe 7)

1 Das Fleisch in 1 cm große Würfel schneiden, die Kartoffel und Rüben in 0.5 cm große Würfel, und die Zwiebel fein hacken.

2 Das Fleisch, Kartoffeln, Steckrüben, Zwiebeln und Gewürze in eine Schüssel geben und gut mischen.

3 Den Teig auf einer leicht bemehlten Oberfläche ausrollen, jedes Stück auf ca. 15-18 cm Durchmesser.

4 Die Ränder mit einem kleinen Teller als Schablone zuschneiden, und dann die Füllung auf die Teigtaschen verteilen

5 Die Ränder mit Wasser bestreichen und den Teig über die Kante zusammenfalten, gut zusammendrücken und einen geriffelten Rand eindrücken.

6 Das Gebäck auf ein Backblech setzen, die Ränder der Taschen mit einem Messer einritzen.

7 Die Pasties mit geschlagenem Ei oder Milch einpinseln und für etwa 30-40 min backen, bis sie goldbraun sind.

– Oggy oggy oggy, oi oi oi!

(ursprünglich Ausruf der Pastieverkäufer in Cornwall, mittlerweile Schlachtgesang britischer Sportfans)

Limonade wie früher

ZUTATEN

6 Zitronen
1 Tasse (250 ml) weißer Zucker
6 Tassen (1,5 Liter) kaltes Wasser

ZUBEREITUNG

1. Den Saft der Zitronen mit dem Wasser mischen
2. Den Zucker einrühren, die Limo in Flaschen abfüllen und servieren.

„Am Strand auf der Insel Mull wild zu campen war eine echte Offenbarung für uns! Die Landschaft war absolut atemberaubend. Die mehrtägige Anreise durch das ganze Königreich hatte sich wirklich gelohnt. Wir können es nicht erwarten, die westlichen Highlands weiter zu erkunden"

Ein Traum von einem Bus. 1963er SO34 mit der Wendesitzbank, er gehört Bob von BBT in Belgien. Er hat 1914ccm und kommt ursprünglich aus Utah. Bob und seine Crew fahren mit dem Bus auch weite Strecken, zum Beispiel 3700 km in 6 Tagen durch Italien mit der ganzen Familie, einschließlich Bobs 74 Jahre alter Mutter Moesje.

Einen Onkel Bob zu haben ist toll, besonders, wenn dein Nachname van Heyst ist. Dennis hatte gerade seine Fahrprüfung bestanden, als Onkel Bob ihm mit einem unvergesslichen Sommerurlaub ein wunderbares Geschenk machte; Campen und einen SO34 mehrere Wochen durch Skandinavien fahren. Von Belgien ging es Richtung Norden, durch Deutschland, nach Dänemark und dann die schwedische Westküste hoch, weiter nach Norwegen und Oslo zur Scandinavian Cal Look Classic.

Nach dem SCC ging es nach Osten durch Schweden zur Show Bug Run Classic auf dem neuen Drag Strip in Tierp. Die "Tierp Arena" liegt gleich nördlich von Stockholm.

NAME: BABY
TYP: T1 BAUJAHR: 1964
MODELL: WESTFALIA SO34
FARBE: BLAUWEIẞ/TÜRKIS

FOTO: LENNART HANNU

Spinat & Feta Quiche

ZUHAUSE VORBEREITEN

ZUTATEN x8

300 g Mürbteig
(siehe Seite 159)

100 g tiefgefrorener Spinat, aufgetaut

2 Eier

3/4 Tasse (200 ml) Milch

100 g Feta-Käse

1 rote Paprika, gewürfelt

1/2 TL Salz

1 Prise frisch gemahlene Muskatnuss

1 Prise weißer Pfeffer

ZUBEREITUNG

Den Backofen auf 175 °C vorheizen

1. Eine 22cm Quiche-/Kuchenform einfetten, mit dem Teig auslegen und 10 Minuten ruhen lassen. Dann 10 Minuten backen, währenddessen die Füllung vorbereiten.
2. Eier und Milch zusammen schaumig schlagen, die Gewürze hinzufügen und mit dem Spinat vermischen.
3. Den Schafskäse auf den vorgebackenen Teig bröckeln, darüber die Spinatmischung verteilen. Die feingehackte Paprika darüberstreuen.
4. Die Quiche etwa 40 Minuten backen, oder bis sie durchgestockt ist.

Dieser weitgereiste Bus gehört den beiden ehemaligen Schulfreunden Theo Mosman und Frank Lolkema aus Apeldoorn in den Niederlanden.

Gekauft haben sie ihren "Double-Dutch-Bus" 1988. Es ist ein 73er Modell mit einem 2,0 ltr CU-Motor und selbstgebauter Campingausstattung. 1999 kam noch ein 76er Fensterbus dazu, der zu einem passenden Anhänger umgebaut wurde, in über 900 Arbeitsstunden.

Die beiden haben den Bus seit ihrer Schulzeit und sind auf vielen Urlaubsreisen durch ganz Europa gefahren, darunter Italien, Frankreich, Spanien, Norwegen, Schweden, Dänemark, Schweiz, Österreich, Deutschland, Holland und Belgien.

„ Zum Glück haben wir einen Zeltpavillon mit Moskitonetz. Marjoleins Mutter hat ihn eigenhändig zusammengenäht, und in Alaska hat er sich als unser Lebensretter offenbart. "

Der Bus reiste schon zweimal über den Atlantik nach Amerika. Das erste Mal im Jahr 2000 auf einer Coast-to-coast Reise, und dann im Jahr 2005, als es Richtung Norden nach Kanada und Alaska ging.

Mehr über diese und andere Abenteuer kann man auf *www.doubledutchbus.nl* nachlesen.

Spargel, Zwiebel & Gruyèretarte

ZUTATEN x8

300 g Mürbteig
(siehe Seite 159)

Ein Stückchen Butter

3 mittelgroße Zwiebeln – fein gehackt

4 Eier 1/2 Tasse (125 ml) Sahne

6 Spargel, in 2 cm lange Stücke geschnitten, die Köpfe separat bereitlegen

75 g Gruyère Käse, gerieben

2 EL Parmesan, gerieben

Salz und Pfeffer

ZUBEREITUNG

Den Backofen auf 190 °C vorheizen

1 Den Teig ausrollen und eine Quiche Form (ca. 23 cm) damit so gut wie möglich auslegen. Ein paar kleine Löcher kann man einfach flicken, Übung macht hier den Meister.

2 Nun den Teig mit einem kreisrund zugeschnittenen Stück Backpapier bedecken, Blindbackerbsen darauf füllen und 10 Minuten backen. Dann Papier und Erbsen entfernen und noch einmal 10 Minuten backen.

3 Den Ofen ein wenig herunterregeln, auf 180 °C.

4 Ein Stückchen Butter in einer Pfanne zerlassen und die Zwiebeln glasig dünsten. Beiseite stellen und abkühlen lassen.

5 Die Spargelstücke in einem Topf mit kochendem Salzwasser garen. Die Stiele für 3 Minuten, dann erst die Köpfe dazugeben und noch ein wenig kochen, ca. 4-5 Minuten insgesamt. Dann sofort in kaltem Wasser abschrecken.

6 Eier, Sahne und Käse vermengen und gut würzen.

7 Spargel und Zwiebeln auf dem vorgebackenen Teig verteilen.

8 Die Ei-Mischung darübergießen.

9 Im Ofen 20-30Minuten backen, bis die Füllung gestockt ist und oben goldbraun ist.

Abkühlen lassen, einpacken und mitnehmen.

Apfel-Eistee

ZUTATEN – ERGEBEN 2 LITER

- 2 Teebeutel "Englische Frühstücksmischung" (Schwarztee)
- 4 Tassen (1 Liter) stilles Mineralwasser
- 1 Zimtstange
- 4 Tassen (1 Liter) klarer Apfelsaft
- 1 roter Apfel, in Scheiben geschnitten
- 1 Zitrone, in Scheiben geschnitten

ZUBEREITUNG

Die Teebeutel in einer großen hitzebeständigen Schüssel mit dem Wasser kurz vor dem Siedepunkt aufgießen.
15 Minuten ziehen lassen, dann die Teebeutel entfernen.
Die Zimtstange und den Apfelsaft dazugeben, dann zudecken und zum abkühlen über Nacht in den Kühlschrank stellen.

Nach dem abkuhlen den Zimt entfernen, abschmecken und eventuell etwas Honig untermischen, wenn man es süßer mag. Den fertigen Eistee in eine Kanne mit Apfel- und Zitronenscheiben gießen. Bereit zum Ausschank.

„Von Seattle über die Kanadischen Rockies nach Alaska und zurück nach L.A. – wir waren drei Monate unterwegs, von Juni bis August."

NAME: ELVWIRA
TYP: T1 BAUJAHR: 1965
MODELL: 11 FENSTER KLEINBUS 221
FARBE: WEIß/KÖNIGSBLAU

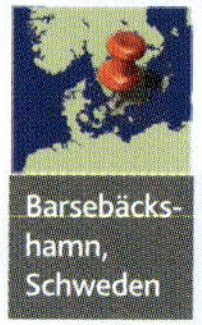

Lasse, Petra und ihr Sohn Mans leben in Barsebäckshamn in Schweden, und *Elvwira* ist der 1965er Typ 221 der Familie Wickman. Der Bus war ursprünglich mal ein Pannenhilfefahrzeug für eine Werkstatt in Südschweden. Später in seinem Leben wurde er ein Surf-Bus und bereiste die Surfspots an den Stränden von ganz Europa. Lasse hat seinen Bus schon seit mehr als sieben Jahren, und hat viel an ihm gemacht. Er hat die Campingausstattung selbst gebaut, das Fahrwerk tiefergelegt und Safari-Fenster montiert.

Lasse ist ein Mitglied im *Nordiska Typ2 Klubben* und sein Lieblingstreffen ist das *Bussfest* dieses Vereins, das jedes Jahr an wechselnden Standorten in Schweden stattfindet.

Pirogen Bolognese

ZUTATEN FÜR DEN TEIG

1 Tasse (250 ml) Milch

3 g frische oder ein 1/4 Päckchen Trockenhefe

1/2 Tasse (125 ml) Olivenöl

1/2 TL Salz

3 1/2 Tassen (875 ml) Mehl

ZUBEREITUNG

Den Backofen auf 200 °C vorheizen.

1 Zunächst die Milch auf etwa 37 °C erwärmen. Die Hefe hineinbröckeln und auflösen. Bei Trockenhefe einfach den Packungsanweisungen folgen.

2 Alle anderen Zutaten in eine Schüssel geben, und dann allmählich die flüssige Hefemischung dazugießen und alles zu einem Teig kneten. Unter einem Handtuch etwa 45 Minuten gehen lassen (die Menge sollte sich fast verdoppeln).

3 Wenn der Teig aufgegangen ist, rollt man ihn auf ungefähr einen Zentimeter Dicke aus. Mit einem Messer Kreise ausschneiden, mit etwa 10 cm Durchmesser. Diese dann dünner ausrollen, auf ein paar Millimeter in der Dicke.

4 Einen guten Löffel Füllung in die Mitte auf den Teig setzen - Bolognese, Chili (oder was sonst zur Verfügung steht) und mit etwas geriebenem Käse bestreuen.

5 Wenn alle Portionen gefüllt sind, klappt man den Teig zusammen und drückt die Kanten zu einem Rand fest.

6 Die Pirogen mit einem geschlagenen Ei einpinseln, mit Oregano bestreuen und für etwa 20 Minuten im Ofen backen, bis sie goldbraun sind.

Sobald sie abgekühlt sind, in einem Transportbehälter verstauen.

ZUHAUSE VORBEREITEN

„Eine ideale Verwendungsmöglichkeit für übriggebliebene Bolognese und Chili"

Quiche Lorraine

ZUTATEN x8

300 g Mürbteig *(siehe Seite 159)*

250 g Cheddar-Käse, gerieben

200 g Speck, gehackt

4 große Tomaten, oder etwa

10 Kirschtomaten - in Scheiben geschnitten

5 Eier, verquirlt

etwas weniger als 1/2 Tasse (100ml) Milch

3/4 Tasse (200ml) Sahne

Prise Salz

Frisch gemahlener schwarzer Pfeffer

2 Zweige frischer Thymian

ZUBEREITUNG

Den Ofen auf 190°C vorheizen

1 Den Teig auf einer leicht bemehlten Fläche ausrollen und in eine eingefetteten flache Kuchenform (ca. 22cm) legen. Die überstehenden Ränder noch nicht abschneiden. Etwa 15 min kühl stellen.

2 Die Form aus dem Kühlschrank holen und den Teig mit zugeschnittenem Backpapier bedecken, mit Blindbackerbsen bedecken und 20 Minuten backen. Die Erbsen und das Papier entfernen und den Boden für weitere fünf Minuten zurück in den Ofen stellen.

3 Die Temperatur des Backofens auf 175°C verringern.

4 Den Käse auf den Boden streuen und die Tomatenscheiben darauflegen. Die Speckwürfel knusprig braten und darüberstreuen.

5 Die Eier mit der Milch und Sahne in eine Schüssel geben, verquirlen und gut würzen. Speck und Käse damit übergießen. Den Thymian daraufstreuen.

6 Für 30-40 Minuten backen, bis die Füllung gestockt ist. Aus dem Ofen nehmen, abkühlen und etwas setzen lassen.

ZUHAUSE VORBEREITEN

Reisen und Entdecken sind die großen Privilegien, die man mit einem VW Camper genießen kann. *Beccles* ist ein weitgereister T2 Amescador aus den Niederlanden.

Die Besitzer Thijn und Klaas waren mit ihm schon auf den äußeren Hebriden, in Schottland, Wales, England, der Bretagne, den Pyrenäen, Schweiz, Deutschland, Italien, Norwegen, Schweden, Dänemark, Korsika...

"Jedes Jahr verbringen wir ca. 10% unserer Zeit in dem Bus. Der schönste Moment ist immer der Beginn der ersten Reise nach der Winterpause. Wenn möglich campen wir immer wild, Campingplätze, Shows und große Veranstaltungen sind nicht unser Ding. Unberührte Wildnis, das ist unser Ziel."

Eingelegte Pilze

Süß und lecker

ZUTATEN

4 Liter Herbstpfifferlinge
3/4 Tasse (200 ml) Essig
3 Tassen (600 ml) Wasser
4 Tassen (1 Liter) Zucker
1 TL Nelken
1 TL weiße Pfefferkörner
1 Zimtstange
1 kleines Stück frischer Ingwer

ZUBEREITUNG

1 die Pfifferlinge sorgfältig reinigen.

2 Die Nelken, Pfefferkörner, Zimt und Ingwer in ein kleines Stück Nessel- oder Baumwollstoff (oder einen Kaffeefilter) einwickeln und mit etwas Schnur fest zubinden.

3 In einer Pfanne das Wasser, Essig und Zucker zum Kochen bringen, dann die Pilze und den Gewürzbeutel hineingeben.

4 Für 1,5 bis 2,5 Stunden köcheln lassen. Nicht trockenkochen lassen!

5 Nach dem Kochen sollten die Pilze eine leicht klebrige Konsistenz haben. Wenn sie zu klebrig geworden sind, kann man sie mit ein wenig kochendem Wasser verdünnen. Alles abkühlen lassen und in ein großes Marmeladenglas abfüllen. *Das Glas sollte man vorher abkochen, um es zu sterilisieren.*

“ Dies ist eine gute Möglichkeit, Pilze für lange Zeit haltbar zu machen. Sie sollten kühl gelagert werden, und können als Beilage zu vielen Gerichte gegessen werden, wie Eintöpfe, Barbecues, Huhn etc. ”

Dieser frühe Splitscreen-Bus steht tief in einem schwedischen Wald, umgeben von Blaubeeren und Pfifferlingen.

Die alten verblichenen Schriftzüge *"Kronans Kem Tvätt"* bedeuten *"Chemische Reinigung Kronan"*. Ein Relikt aus seinem früheren Leben.

Ohne seinen Motor sitzt er vermutlich schon den Großteil der vergangenen 40 Jahre zwischen den Bäumen im Wald fest.

“ Ein Rezept für alle, die gerne in den Wäldern nach alten Bussen und essbaren Pilze suchen. Diejenigen, die das nicht tun, können die Pfifferlinge auch im Supermarkt finden. ”

FOTO: LENNART HANNU

Diese Bilder wurden am Los Altos de Santa Fe in Venezuela gemacht, mit Youenn Jacquin aus der französischen Provence und Eva Luna aus Lima in Peru.

Sie sind in ganz Südamerika mit ihrem Bulli unterwegs und verkaufen selbstgemachten Schmuck und Kunsthandwerk. Ihr Bus ist ein aus Deutschland importierter Transporter BJ 1977, der zum Wohnmobil umgebaut wurde.

Seine passender Name, La Submarina Amarilla (das gelbe Unterseeboot) ist eine Hommage an John Lennon. Diese beiden Abenteurer berichten über ihre endlose Reise der Liebe auf der Facebook Seite *Gira Suramerica VW Combi*.

NAME: LA SUBMARINA AMARILLA
TYP: T2B BAUJAHR: 1977
MODELL: CAMPINGTRANSPORTER
FARBE: TEQUILA SUNRISE

Los Altos de Santa Fe, Sucre, Venezuela.

Tex Mex Pie

ZUTATEN ×8

- **300 g Mürbteig** *(siehe Seite 159)*
- **400 g Hackfleisch**
- **200 g Creme fraiche**
- **1 Glas (200g) Salsa**
- **2 EL Tex-Mex Gewürz**
- **1 Zwiebel, fein gehackt**
- **1/4 Tasse (60 ml) Wasser**
- **1 kleine Dose Ananas**
- **1 rote Paprika, gewürfelt**
- **Geriebener Käse zum darüberstreuen**

ZUBEREITUNG

Den Backofen auf 175°C vorheizen.

1. Eine 22cm Quicheform einfetten und mit den Teig auslegen. Etwa 10 Minuten bei 175Grad blindbacken, aus dem Ofen nehmen und abkühlen lassen.
2. Während der Teig im Backofen ist, das Hackfleisch mit den Tex-Mex Gewürzen und der gehackten Zwiebel anbraten. Sobald es gebräunt ist, das Wasser dazugießen und weiter braten, bis die Flüssigkeit eingedampft ist.
3. Creme fraiche und Salsa in einer Schüssel mischen.
4. Das fertige Hackfleisch auf den Mürbteig verteilen. Den Creme Fraiche / Salsa-Mix darübergießen. Mit der Ananas belegen und viel geriebenen Käse darauf verteilen.
5. Weitere 10-15 Minuten im Ofen backen, bis der Pie goldbraun ist.

Optional: Eine Prise fein gehackte Chilischote über den Pie streuen.

“Wenn ein Mensch – aus welchem Grund auch immer – die Gelegenheit hat, ein außergewöhnliches Leben zu führen, hat er nicht das Recht, es für sich allein zu behalten.”

Jacques Cousteau

ZUHAUSE VORBEREITEN

Mandelkipferl

ZUTATEN – *ergibt 40 Kipferl*

- 100 g Butter
- 50 g frische Hefe
- 4 Tassen (1 Liter) Mehl
- 1 3/4 Tasse (400 ml) Vollmilch
- 1/4 Tasse (60 ml) Weißzucker
- 2 Eier *(eins der Eier für die Glasur)*
- Hagelzucker (zum Bestreuen)

MARZIPAN

- 1 1/2 Tassen (400 ml) gemahlene Mandeln
- 120 g Butter
- 3/4 Tasse (185 ml) Zucker

Perfekt für ein Picknick, und man kann sie einfach einfrieren, wenn man sie nicht gleich essen möchte.

ZUBEREITUNG

Den Backofen auf 250 °C vorheizen.

1 Die warme Milch (37 °C) in eine Schüssel gießen und die Hefe hineinbröckeln, den Zucker dazuschütten, rühren bis der Zucker aufgelöst ist und dann die Butter hinzufügen, danach ein leicht verquirltes Ei. Unter Rühren allmählich das Mehl einstreuen, bis man einen geschmeidigen Teig erhält. Den Teig etwa eine Stunde ruhen lassen, er sollte auf etwa doppelte Größe aufgehen.

2 Den Teig kneten, dann in fünf runde Kugeln teilen und dünn ausrollen. Die Teigkreise in 8 dreieckige Tortenstücke schneiden. Auf das brei Ende Füllung streichen (Pudding, Marzipan, Apfelmu mit Zimt etc) und die Dreiecke zur Spitze hin zusamme rollen, die Enden verdrehen und Kipferl formen. Auf ein Backblech legen und nochmal 40 Minuten ruhen lassen. Genug Platz zwischen den Kipferln lassen, sie werden etwa doppelt so groß.

3 Nach dem zweiten Gehen die Kipferl mit geschlagenem Ei bestreichen und mit Hagelzucker bestreuen.

4 Im Ofen etwa 7 Minuten backen, bis sie goldbraun sind.

David und Regina Petterson aus Los Angeles, Kalifornien, und Benji, ihr 21-Fenster-Samba von 1966 genießen die Sonne an der Küste.

Benjamin at a famous L.A. Landmark.

Whiskey-A-Go-Go! This is the place where a lot of the 60s bands got started.

The reddish wooden house is where Jim Morrison of the Doors lived.

Cruising the streets of Venice.

Melissa und Jorge Enrique sind ein Ehepaar aus Kolumbien, Ärztin und Anwalt. Seit einigen Jahren sind sie mit ihrem VW Westfalia unterwegs durch Südamerika. Voller Lebenslust vermuteten sie, dass es jenseits des way of life von Jura und Medizin noch andere Möglichkeiten gibt, und entschieden sich für ein Leben jenseits der Gesellschaft voller Termine, Aufgaben, Anforderungen und Komfort.

Wir sind unterwegs in der Hoffnung, den Ort unserer Träume zu finden, obwohl es sehr gut möglich ist, dass wir wieder an unseren Ausgangspunkt zurückkehren werden.

Die Abenteuer, die Melissa und Jorge Enrique mit ihrem Kombi erlebt haben, sind wirklich erstaunlich und können auf *www.kombianos.com* verfolgt werden.

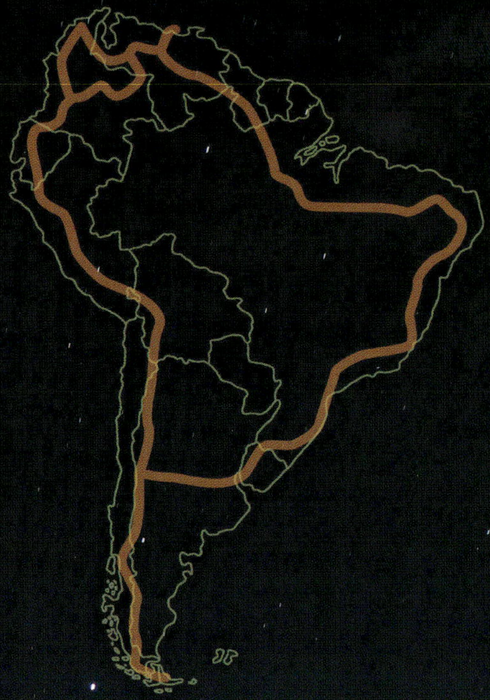

„Auf unserer Reise, nach vielen Diskussionen, Freuden, gemeinsamen Geschichten und Träumen merkten wir, dass wir viele Dinge gemeinsam haben. Einer von ihnen ist das Fernweh und die Bereitschaft, Neues kennenzulernen."

„Das Reisen in einem VW-Bus kann dich ins Paradies bringen."

Ananas-Tarte

ZUTATEN FÜR DEN TEIG x8

150 gr zerlassene Butter
1 dl Zucker
3 dl Mehl
1 TL Backpulver

FÜLLUNG

2 dl Creme fraiche
1/2 dl Zucker
1 Ei
2 Teelöffel Vanillezucker
1 kleine Dose Ananasstücke

ZUBEREITUNG

1 Für den Tortenboden die Butter schmelzen, über den Zucker gießen und vermischen. Das Mehl und das Backpulver in eine Schüssel geben und die Butter dazugießen.

Vorsichtig zu einem Teig verrühren, dann mit den Daumen in eine Kuchenform (ca.22cm) drücken. Dieser Teig muss nicht blindgebacken werden.

2 *Die Füllung:* Creme fraiche, Zucker, Ei und Vanille zusammenrühren. Die Ananasstücke abgießen und in die Füllung mischen, alles zusammen in der Kuchenform verteilen.

20-25 Minuten backen, bis die Füllung gestockt ist und alles goldgelb geworden ist.

ZUHAUSE VORBEREITEN

Dieser ehemaliger Krankenwagen von 1965 gehört Valto Laiho aus Finnland. Valto fährt und pflegt seinen T1 und studiert Automobiltechnik in Finnland. Er hat ihn zusammen mit seinem Vater aufgebaut, sie haben die Achse DIY geflippt und den Motor neu aufgebaut, mit scharfer Nockenwelle und 1835ccm.

Der Bus hat noch einige Teile von der Ambulanzausstattung, wie den Notsitz, Sirene, Schalter, und die KTW-Heckklappe.

NAME: FINLANDIA
TYP: T1 BAUJAHR: 1965
MODELL: 11 FENSTER STANDARD
FARBE: L62 ELFENBEINWEIß

Malzkekse

ZUTATEN

225 g weiche, ungesalzene Butter
3/4 Tasse (180 ml) brauner Zucker
3/4 Tasse (180 ml) Kristallzucker
2 Eier
2 TL Vanillezucker
2 Tassen (500 ml) Mehl
1 1/4 TL Backpulver
1 1/4 TL Salz
1/2 Tasse (125 ml) Malzgetränkpulver (Horlicks)
150 g Vollmilch-Schokolade-Chips

ZUBEREITUNG

Den Backofen auf 190 °C vorheizen.

1 Im Mixer die Butter schaumig schlagen, dann beide Sorten Zucker und die Sahne dazugeben, weiter verquirlen.

Die Eier hineinschlagen, den Vanillezucker unterrühren und alles gut vermischen.
Das Malzgetränkpulver dazugeben.

2 Mehl, Backpulver und Salz durchsieben und nach und nach in die Butter-Mischung einrühren, nur kurz vermengen.

3 Teelöffelgroße Teigmengen auf ein Backblech mit Backpapier verteilen. Mit Schokoladenchips dekorieren und ca. 9 Minuten backen, wenn man saftige Kekse mag, oder 10-12 Minuten, wenn sie knusprig werden sollen.

ZUHAUSE VORBEREITEN

FOTO: LENNART HANNU

NAME: TERRA
TYP: T1 BAUJAHR: 1965
MODELL: 21 FENSTER SAMBA
FARBE: SIEGELWACHSROT/GRAUBEIGE

Dieser großartige Samba gehört Jeff Snoopy Waite, dem Gründer des Full Moon Bus Club. Die Geschichte von seinem Bus ist bemerkenswert, er hat bereits vier Mal den Atlantik überquert. Ursprünglich wurde er in Deutschland von einem hier stationierten Militärarzt der US-Armee gekauft, in US-Ausführung, und reiste mit ihm und seiner Familie durch halb Europa. Als der Arzt wieder zurück nach Ame rika beordert wurde, nahm er den Bus mit. Nach ei paar Jahren wollte er dann Europa wieder einen Besuch abstatten, ließ den Samba zurückschipper und war ein paar Monate mit ihm unterwegs. In England mietete er dann eine Garage für ihn und beauftragte jemanden, ihn einmal im Monat anzulassen und startklar zu halten. Das war 1979. Im Jahr 2000 gin der Mann mit 65 in den Ruhestand und wollt seinen Bus zurückhabe

“ Er wollte genau die Summe, die er 1965 bezahlt hatte. Ich schlug ein, und der Bus gehörte mir. ”

Schokoladen-Cupcakes

ZUTATEN
FÜR 12 CUPCAKES

- 3 Eier
- 1 Tasse (250 ml) Kristallzucker
- 1 TL Vanillezucker
- 50 g Butter
- 1/4 Tasse (60 ml) Sauerrahm
- 2 EL kalter Kaffee
- 1 1/4 Tasse (310 ml) Mehl
- 2 TL Backpulver
- 4 EL Kakaopulver
- 1 Prise Salz
- 100 g dunkle Schokolade

GLASUR:

- 50 g weiche Butter
- 2 Tassen (500 ml) Puderzucker
- 1 TL Vanillezucker oder Vanillearoma
- 6 Esslöffel Kakaopulver
- 100 g Frischkäse
- 1 EL Milch

ZUBEREITUNG

Den Backofen auf 190 °C vorheizen.

1 Eier, Zucker und Vanille verquirlen bis die Masse weiß und schaumig ist.

2 Die Butter schmelzen. Die geschmolzene Butter mit der sauren Sahne und dem Kaffee in die Zucker-Ei-Mischung gießen und vermischen.

3 Mehl, Backpulver, Kakao und Salz in einer separaten Schüssel vermischen, dann allmählich unter Rühren dem Teig beimengen.

4 Die Schokolade schmelzen und in den Teig einrühren.

5 Den Teig in Papierförmchen gießen, die Förmchen aber nur halb füllen.

6 Auf mittlerer Höhe etwa 13-15 Minuten backen.

7 Für die Glasur werden einfach alle Zutaten zusammengerührt, mit Milch kann man die Konsistenz korrigieren.

8 Nach dem Abkühlen werden die Cupcakes mit der Glasur bestrichen und mit Schokoladenstückchen dekoriert

Für die "double orange choc chip" Version nimmt man 50 g Schokoladenchips mehr und fügt die Schale und ein wenig Saft einer Orange hinzu, wenn die geschmolzene Schokolade in den Teig kommt.

Er erledigte alle Formalitäten, die nötig sind, wenn man ein Fahrzeug zurück in die USA verschiffen will, aber während dann der Bus auf See war, beschloss seine Frau, dass sie nun in ein Seniorenheim ziehen würden. Hier war nur ein Auto pro Paar erlaubt – der Bus wurde nicht dieses eine Auto. Schließlich kam er im Hafen von Charleston an Land. Der Arzt wohnte 3 Stunden entfernt, deshalb hatte er eine örtliche VW Werkstatt beauftragt, ihn abzuholen und durchzuchecken. Es gab keine größeren Probleme, außer einer kleinen Ölundichtigkeit.

Eine Woche verging, und der Arzt war noch nicht gekommen, um den Bus aufzulesen. Als ich nach der Arbeit in dieser Garage abhing, bat ich den Chef, beim nächsten Anruf den Besitzer zu fragen, ob der den Bus nicht verkaufen wolle. Das machte er, und der Mann sagte ja. Er wollte genau den gleichen Preis, den er damals 1965 gezahlt hatte. Ich stimmte zu, und der Samba gehörte mir.

Die Gegend um Dalarna in Schweden ist eine Hochburg für hardcore-VW-Fans. Jonas Nyström ist einer von ihnen, und das ist sein 1970er Bay Café.

Ein ungewöhnlicher Halbkasten mit zwei Schiebetüren, eine spezielle Ausstattungsvariante für die staatliche schwedische Telefongesellschaft Televerket in den 70er Jahren. Der Bus hat eine Vollrestaurierung inklusive Neuaufbau hinter sich, mindestens 4 Lackschichten inklusive Graffiti-Vandalismus mussten dabei entfernt werden. Er wurde mit einer T1 Vorderachsconversion von Grubenwerks in Grängesberg tiefergelegt und hat einen 1679ccm Motor.

Er ist mit 230V-Elektrik ausgestattet und versorgt damit die Profi-Espresso/Latte-Maschine. Dank eines 40 Liter Wassertanks fließt der Kaffee ohne Unterlass!

NAME: BAY CAFÉ
TYP: T2A BAUJAHR: 1970
MODELL: HALBKASTEN
FARBE: SAVANNENBEIGE

Dalarna, Schweden

FOTO: STEVE ROOKER

Millionärsshortbread

ZUHAUSE VORBEREITEN

ZUTATEN *– ein Blech ergibt etwa 30 Stücke.*

- **450 g Butter**
- **350 g Puderzucker**
- **350 g Selbsttreibendes Mehl** *(siehe S. 158)*
- **4 EL Sirup**
- **400 g Kondensmilch**
- **300 g Schokolade**

ZUBEREITUNG

Den Backofen auf 180 °C vorheizen.

1 250 g Butter und 100 g Zucker verquirlen und dann mit dem Mehl verkneten, bis man einen krümeligen Teig hat, den auf einem Backblech (25x30cm) verteilen und festdrücken, auf mittlerer Höhe im Backofen 15-20 Minuten backen, bis der Teig goldbraun geworden ist, aus dem Ofen nehmen und abkühlen lassen.

2 Die restlichen 200g Butter und 250g Zucker in einer Pfanne zerlassen, dann die Dose Kondensmilch dazugießen und unter Rühren bei mittlerer Hitze aufkochen lassen. Solange weiterrühren und kochen, bis der Zucker karamellisiert und die Masse etwas zähflüssig wird. Jetzt wird sie über das Buttergebäck gegossen.

Mit einem Spachtel verteilt man sie zu einer gleichmäßigen Schicht und lässt sie dann abkühlen und sich setzen.

3 Die Schokolade im Wasserbad schmelzen und über die Karamellschicht verteilen, so dass sie sie vollständig bedeckt. An einem kühlen Ort ruhen lassen, bis die Schokolade wieder fest wird.

4 Wenn alles abgekühlt ist, schneidet man das Shortbread in rechteckige Stücke.

Das ist *Prinzessin Sophia*, der Bus von den Australiern Katrina und Kevin aus dem schönen Noosa an der Ostküste. Sie vermieten Sophia für Hochzeiten. Mit ihrem leuchtenden Orange und glänzenden Weiß ist sie genau das richtige für jedes Paar, das an ihrem großen Tag etwas Besonderes möchte.

FOTO: ANNIE JONES
WWW.FUNKYPHOTOGRAPHY.COM.AU

Knusprige Honigwaben

ZUTATEN

3/4 Tasse (185 ml) Zucker
2 EL Honig
2 EL Wasser
1 TL Backpulver
Ein wenig geschmolzene Schokolade zum Dippen

ZUBEREITUNG

1. Ein Backblech einfetten.
2. Zucker, Honig und Wasser in einen großen Kochtopf füllen.
3. Über großer Flamme die Mischung auf 150 °C bringen, ohne sie dabei umzurühren (dafür braucht man ein entsprechendes Thermometer). Der Zucker schmilzt, es bilden sich kleine Blasen, die Blasen werden größer, dann karamellisiert der Zucker bernsteinfarben.
4. Wenn 150 °C erreicht sind, nimmt man die Pfanne vom Feuer und streut das Backpulver in den heißen Sirup. Dies bewirkt, dass er etwas aufschäumt, dabei muss man sehr darauf achten, sich nicht zu verbrennen.
5. Schnell und vorsichtig umrühren, um die Zutaten zu vermischen, sobald der Sirup eine cremige Farbe annimmt gießt man ihn auf das gefettete Backblech. Nicht verstreichen, da das die Blasen platzen ließe.
6. Nun die Süßigkeit abkühlen lassen. Sobald sie Raumtemperatur hat, kann man sie in kleine Stücke brechen.
7. Etwas Kochschokolade schmelzen und die Stücke hineintauchen, auf ölfestem Backpapier erstarren lassen.

Honigwaben müssen in einem luftdichten Behälter oder in Plastikbeuteln aufbewahrt werden. Wenn man sie vollständig mit Schokolade überzieht, bleiben sie einige Tage länger knusprig.

ZUHAUSE VORBEREITEN

Die Vorbesitzer benutzten diesen Bus, um die Tage beim Surfen am Strand zu verbringen. Sie haben ihn Sonntags aber auch als Verkaufsstand für frische Hummer in San Clemente verwendet.

Inzwischen gehört *Scooby* Ken und Penny Waghorn, die im sonnigen Kalifornien leben, aber ursprünglich aus London im Vereinigten Königreich stammen.

Unser erster Ausflug ging zum Fischen an die Irvine Lakes. Als wir wieder aufbrechen wollten, haben wir den Motor nicht mehr anbekommen, zum Glück hat uns der Park Ranger Starthilfe gegeben. Lektion gelernt. Irgendetwas hat die Batterie entladen, und als wir nach Hause kamen hat Ken die Sache in Ordnung gebracht. Wenn wir parken klemmen wir die Hauptbatterie jetzt über einen Schalter am Armaturenbrett ab. Eine gute und einfache Lösung für das Problem.

NAME: SCOOBY
TYP: T3 VANAGON
BAUJAHR: 1982
MODELL: ADVENTUREWAGON
FARBE: BRAUN/BEIGE

„Die schönsten Momente mit Scooby sind die ersten Meter in unserer Straße, wenn wir zu einem neuen Ziel aufbrechen"

Flapjack

ZUTATEN – *ergibt ein Blech.*

400 g Haferflocken
200 g ungesalzene Butter
200 g Rohrzucker
200 g Honig
50 g gehackte Nüsse, getrocknete Früchte, Ingwer oder Kokosraspel

---

ZUBEREITUNG

Den Backofen auf 175°C vorheizen.

1. Ein 25cm x 30cm großes Backblech einfetten.
2. Die Butter schmelzen, mit Zucker und Honig in einem Topf unter ständigem Rühren vermischen, bis die Butter flüssig und der Zucker aufgelöst ist.
3. Hafer und Nüsse, Früchte, Ingwer oder Kokos (falls verwendet) dazugeben und gut unterrühren.
4. Die Hafer-Mischung auf die vorbereitete Backform schütten und zu einer 2cm dicken Schicht verteilen. Die Oberfläche mit dem Löffelrücken oder einem Stück Backpapier glätten.
5. Etwa 15-20 Minuten im Ofen backen, bis die Ränder leicht goldbraun werden, die Mitte aber noch etwas weich ist. Im Blech abkühlen lassen, herausheben und in quadratische Stücke schneiden.

ZUHAUSE VORBEREITEN

Gedämpfter Sirup-Pudding

– für die Ankunft!

ZUTATEN (x4)

150 g weiche Butter
150 g Puderzucker
1 1/4 Tassen (300 ml) selbsttreibendes Mehl
(siehe S. 158)
4 EL Sirup
2 Eier, verquirlt
1/2 TL Vanille-Extrakt
1/2 TL Natron
2 EL Milch

ZUBEREITUNG - *Teil 1: zuhause*

1 Eine Puddingform (1 Liter) mit Butter einfetten. Den Sirup in den Boden der Puddingform gießen.

2 Butter und Zucker schaumig schlagen. Die Eier und den Vanille-Extrakt dazugeben.

Mehl und Backpulver sieben und in den Teig rühren. Ein wenig Milch dazugeben, so dass die Mischung eine weiche Konsistenz bekommt und vom Löffel tropft. Den Teig in die vorbereitete Puddingschüssel füllen, bis etwa einen cm unter dem Rand.

3 Antihaft-Backpapier zu einem passenden Kreis zuschneiden und auf den Pudding legen. Dann die Puddingform mit Alufolie abdecken und den Rand festdrücken oder mit einem Gummiband sichern. Nun kann man den Pudding in den Kühlschrank stellen und das Rezept bereitlegen.

Wenn man dann aufbricht, hält man die Puddingschüssel auf der Reise möglichst kühl.

Ist man am Ziel angekommen, feiert man das, indem man zunächst den Herd anmacht und sich einen schönen Pudding dämpft, während man das Lager aufschlägt.

Das geht fast wie von selbst.

ZUBEREITUNG - *Teil 2: unterwegs*

4 Die Puddingform in einen Schnellkochtopf stellen, Wasser in den Topf bis auf halbe Höhe der Form füllen. Den Deckel verriegeln und 50 Minuten dämpfen – wenn nötig, Wasser nachfüllen.

5 Die Form mit Handschuhen aus dem Topf heben, vorsicht, es wird heiß. Alufolie und Backpapier entfernen. Einen Teller auf die Form legen und alles zusammen umdrehen. Die Form abheben und den Pudding in Scheiben schneiden.

Mit Schlagsahne servieren.

Gedämpfte Sirup-Puddings sind wirklich einfach zu Hause vorzubereiten und auf die Reise mitzunehmen. Am Ziel stellt man sie in einen Dampfkochtopf und lässt sie vor sich hin dampfen.

Bevor man loslegt, muss man zunächst einen Dampfkochtopf und eine große Puddingform, die in den Topf hineinpasst, besorgen.

Man braucht auch etwas, das die Form vom Boden des Topfs anhebt - wir benutzen dafür den Dämpfeinsatz, man kann aber auch improvisieren.

Eine niedrige Konservendose (wie für Thunfisch), bei dem man Deckel und Boden entfernt hat, funktioniert hervorragend als Abstandshalter zwischen dem Topfboden und der Puddingform.

Kate & Christians t2a ist ein wirklich früher "early bay"! Er wurde am 1. November 1967 zugelassen und ist eines der ältesten Exemplare, die noch herumfahren.

Der Bus war einen großen Teil seines Lebens in einem trockenen Unterstand abgestellt, deshalb musste er nicht den üblichen Karosseriegammel erleiden, den man an so vielen Campern dieses Alters sieht.

Er hat noch die ursprüngliche beige Kunstlederinnenausstattung und einen *Sandpiper* Campingausbau aus den späten 60ern, mit Durchgang zu den Fahrersitzen.

Der originale Fahrzeugbrief und die Bedienungsanleitung für die Campingausstattung belegen die Historie dieses großartigen Campingbus.

“ Als wir "Horace" gerade erst bekommen hatten waren wir im Peak District campen. Es war Kates 30. Geburtstag und wir hatten eine Party zusammen mit den Einheimischen. Die ganze Kneipe sang Happy Birthday und die Live-Band widmete ihr "Your Song" von Elton John. Unsere Flitterwochen verbrachten wir zwischen Staffordshire und Schottland. ”

NAME: HORACE
TYP: T2A BAUJAHR: 1967
MODELL: SANDPIPER CAMPER
FARBE: L345 LICHTGRAU

Zimttorte

ZUTATEN (x8)

300 g Mürbteig *(siehe Seite 159)*
3/4 Tasse (200 ml) Sahne
2 EL Zucker
2 EL Zimt
1 EL Mehl

ZUBEREITUNG

Den Backofen auf 175°C vorheizen.

1 Den Teig dünn ausrollen (ca. 3-4 mm dick) und eine 23-25cm große, runde Kuchenform damit auslegen. Blindbacken ist hier nicht nötig, man stellt den Boden also einfach zur Seite, während man sich um die Füllung kümmert.

2 Mit einem elektrischen Mixer die Sahne, Zucker, Zimt und Mehl verquirlen. Man soll die Mischung schaumig schlagen, es aber nicht übertreiben - sie soll gießbar bleiben.

3 Die Creme auf den Teig gießen, gleichmäßig verteilen und 30 Minuten backen.

Die Füllung wird sich aufblähen und dann wieder zusammenfallen. Aus dem Ofen nehmen, abkühlen und sich setzen lassen.

4 Die ganze Torte am besten in der Kuchenform transportieren. Sie dient als schützender Behälter, einfach mit Frischhaltefolie abdecken oder in eine Plastiktüte schieben.

Wenn es Kaffeezeit ist, die Torte anschneiden, verteilen und genießen. Wirklich lecker ist ein Klecks Zimtsahne dazu. Einfach mit dem Schneebesen Schlagsahne aufschlagen und einen Teelöffel Zimt und Zucker dazugeben.

„Einfach herzustellen und ausgesprochen lecker – der Erfolg ist garantiert."

Burton-on-Trent, England

NAME: RHUBARB
TYP: T2A BAUJAHR: 1969
MODELL: WESTFALIA CAMPER
FARBE: ROT/WEIẞES DACH

Das sind Joe und Samantha Eynon und ihr rubinroter California Camper. Das Paar nutze *Rhabarber* auch als ihr Hochzeitsauto. Sie haben mit ihm schon diverse Campingtouren gemacht, unter anderem nach Devon, Cornwall, der Isle of Man, dem New Forest, dem Peak District und Malvern Hills.

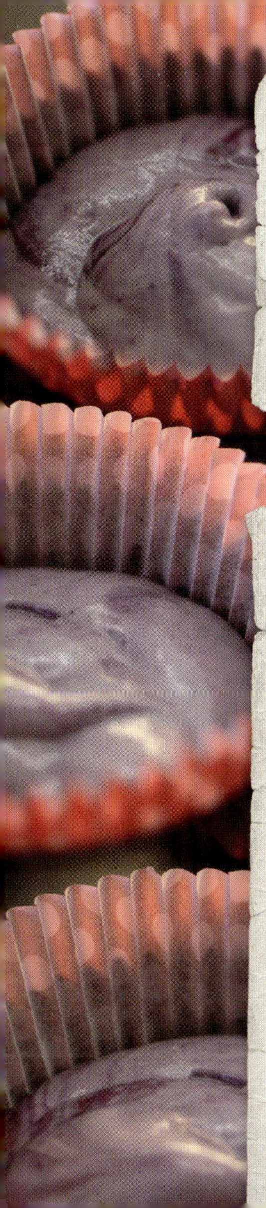

Blaubeermuffins

ZUTATEN – *ergibt ca. 30 Muffins*

3 Tassen (750 ml) Mehl
150 g ungesalzene Butter (weich)
1 Tasse (250 ml) Zucker
2 große Eier
1 1/2 Tasse (375 ml) Joghurt
1 EL Backpulver
1/2 TL Natron
1/2 TL Salz
1 TL Zitronenschale
1 1/2 Tassen (375 ml) Blaubeeren

ZUHAUSE VORBEREITEN

ZUBEREITUNG
Den Backofen auf 190°C aufheizen.

1 Mehl, Backpulver, Soda und Salz vermischen und beiseite stellen.

2 Butter und Zucker in einer großen Schüssel zusammen schaumig rühren. Die Eier einzeln dazuschlagen, gut untermixen, dann die Zitronenschale dazugeben.

3 Die Hälfte der trockenen Zutaten dazugeben und kurz unterrühren, dann ein Drittel des Joghurts unterheben. Nochmal die Hälfte der verbliebenen trockenen Zutaten einrühren. Das zweite Drittel des Joghurts unterheben.

Zum Schluss den Rest der trockenen Zutaten und dann den restlichen Joghurt dazugeben. Wieder nur kurz vorsichtig unterheben. Nicht zuviel rühren. Jetzt die Blaubeeren einstreuen.

4 Den Muffinteig gleichmäßig in die Näpfe einer Muffinform verteilen.

Backen, bis die Muffins goldbraun sind, ca. 25-30 Minuten. Mit einem Zahnstocher anstechen und testen, ob die Muffins auch in der Mitte fertig sind. Auf einem Backrost 5 Minuten abkühlen lassen.

Ein Campingbus wie kein zweiter, das ist die Bezeichnung der meisten VW-Busfahrer für ihre Autos. Wenn es um *OJ* geht, können wir dem nur zustimmen. KT und Steven Allen gehört dieser coole Hochdachbus, mit dem sie so oft wie möglich an VW Veranstaltungen teilnehmen.

Auf der Isle of Wight waren sie gleich für zwei Wochen und haben einen kleinen Trip inklusive wildcampen drangehängt.

"Einer der schönsten Momente in unserem Bus hatten wir, als wir versteckt hinter der Lagerfläche eines Farmers standen und uns im Heck einkuschelten, Steven, Jazz und ich, zusammen mit den drei Hunden, einen Film ansahen und heiße Schokolade tranken."

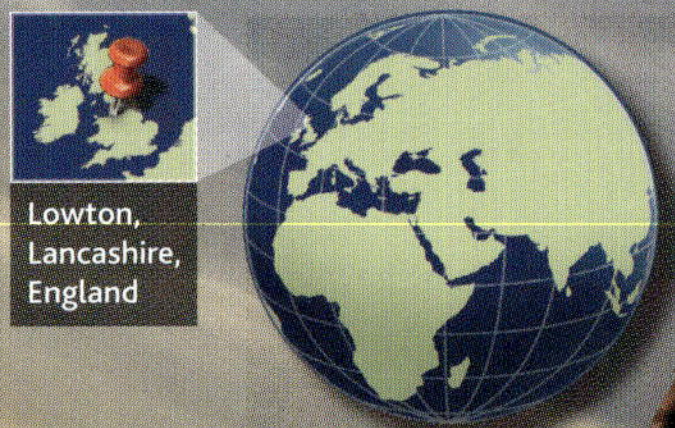

“ Wir passen alle hinein! Mein Mann, unsere Tochter und ich, und unsere drei Hunde! ”

NAME: OJ
TYP: T2B BAUJAHR: 1976
MODELL: HOCHDACHCAMPER
FARBE: ORANGE/GRAFFITI

Toffee Brownies

ZUTATEN

350 g dunkle Schokolade
250 g ungesalzene Butter
250 g dunkler Rohrzucker (Muscavado)
85 g Mehl
3 große Eier
1 TL Backpulver

ZUBEREITUNG

1 Die Bäckermütze aufsetzen und den Ofen auf 140° C vorheizen.

2 Ein flaches Backblech (25x30cm) mit Butter einfetten und mit Backpapier auslegen.

3 Schokolade und Butter zusammen schmelzen, gut verrühren und dann abkühlen lassen.

4 Inzwischen die Eier schaumig schlagen, bis der Schaum hell wird, dann den Rohrzucker unterschlagen, bis alles dick und glänzend und gut vermischt ist.

5 Vorsichtig die geschmolzene Schokoladen-Butter-Mischung unterrühren. Mehl und Backpulver in eine separate Schüssel sieben und dann unter die Teigmasse heben, vorsichtig und nur kurz umrühren, bis alles gerade vermengt ist.

6 Den Teig in das Backblech gießen und ungefähr 35 Minuten backen. Er muss fest geworden sein, aber noch ein bisschen brauchen. Solange im Ofen lassen, bis man das Gefühl hat, dass der Teig genau richtig ist. Aus dem Ofen nehmen und abkühlen lassen. Dann in Stücke schneiden und an einem sicheren Ort verstecken!

ZUHAUSE VORBEREITEN

Leicht am Abend vor der Abreise zu backen, und perfekt für die erste Kaffeepause.

Hiroaki Wakabayashi und sein 11 Fenster Standard von 1958 sind Teil der VW-Szene in Hiroshima, Japan.

Sein Club ist *MSD* alias *VW Club Monkey Slam Dash*. Hiroaki hat den Motor für seinen Bus eigenhändig aufgebaut, und auf 1.855 ccm vergrößert.

Kokosbälle

ZUTATEN

- 1 1/4 Tassen (300 ml) Hafermehl
- Etwas weniger als 1/2 Tasse (100 ml) Zucker
- 100 g Butter
- 1 TL Vanillezucker
- 2 EL Kakao
- 4 EL kalter schwarzer Kaffee
- Kokosflocken

ZUBEREITUNG

1 Alle Zutaten bis auf die Kokosflocken vermischen und zu einer großen Kugel formen.

2 Kleine Stücke abreißen und zu kleineren mundgerechten Kugeln rollen.

3 Zum Schluss in den Kokosflocken wälzen, und im Kühlschrank 20 Minuten abkühlen. In einem luftdichten Behälter aufbewahren.

ZUHAUSE VORBEREITEN

Wie man selbsttreibendes Mehl bekommt

In den meisten Ländern bekommt man Mehl im Supermarkt, dem bereits ein Treibmittel beigemischt ist, dort führt man es unter "self-raising flour".
Wenn man das nicht zur Verfügung hat, mischt man einfach Backpulver unter gewöhnliches Mehl, etwa 1 ½ Teelöffel für eine Tasse Mehl.

Mürbteig *– ergibt 300 g krümeligen Teig.*

„Faustformel: doppelt soviel Mehl wie Fett"

ZUTATEN

200 g Mehl

100 g Butter, in kleinen Stückchen und sehr kalt

Eine Prise Salz

2-3 Esslöffel kalte Milch oder Wasser

ZUBEREITUNG

1. Die Butter im Mehl verreiben, wenn alles fein zerbröselt ist, hört man auf.
2. In die Mitte des Mehls eine Mulde drücken und die Milch oder das Wasser hineingießen, mit dem Mehl verkneten, nur soviel Flüssigkeit nehmen, dass der Teig gerade eben zusammenklebt. Zu einer Kugel formen, aber so wenig wie möglich durchkneten, dann bekommt man die besten Ergebnisse. In einen Kunststoffbeutel legen oder in Frischhaltefolie wickeln.
3. Im Kühlschrank eine halbe Stunde ruhen lassen, hier hält sich der Teig bis zu 2 Tage. Er kann auch bis zu 3 Monate eingefroren werden.

„Man kann mit verschiedenen weiteren Zutaten experimentieren. Kräuter, Gewürze, gemahlene Nüsse oder Käse geben dem Teig den Extra-Kick."

Süßer Mürbteig

ZUTATEN

225 g Mehl

110 g Butter

80 g Zucker

1 großes Ei

ZUBEREITUNG

Man beginnt wie beim ungesüßten Mürbteig, vermischt dann aber Zucker und Ei in der Mehlmulde mit einer Gabel und knetet diese Mischung mit in den Teig ein.

„Den Teig nicht warm werden lassen ist der Schlüssel zu gutem Mürbteig"

We Ride Again!

Ihr findet uns auch auf facebook:
facebook/vwcampercookbook

Das sind wir! *Von links nach rechts:* Das jüngste Mitglied unserer VW liebenden Familie ist *Lewis*, er sitzt auf dem Schoß von seiner Oma *Lena*. *Lena* hat schon seit den 1970ern in Volkswagen Campern gekocht. *Oskar* sitzt auf dem Fahrersitz seines Familien-Westfalias. In dem tiefergelegten '71er t2a sind *Travis, Sofia* und *Tim*. In dem nächsten Campingbus sitzt Großvater *Kent*, er fährt schon seit den 1960ern mit VW-Bussen durch ganz Europa. Neben ihm sitzen *Steve* und *Suz* in ihrem unrestaurierten '77er Westy. Schließlich, in dem '66er VW Sondermodell, sind *Lotta, Felix* und *Lelle*.

Inhalt

156 = vegetarisches Rezept

ZUHAUSE VORBEREITEN = zuhause zum mitnehmen vorbereiten/backen

Wie man die Grilltemperatur mit der Hand abschätzen kann.

Die Hand 10cm über die Kohlen halten.

Wenn man die Hitze 11-14 Sekunden aushalten kann, hat der Grill nur schwache Hitze (125°C).

Wenn man die Hitze nur 6-8 Sekunden aushält, dann kann man mit mittlerer Hitze grillen (175°C). Die Kohlen werden jetzt leicht orange glühen.

Wenn man die Hitze nur 2-3 Sekunden erträgt, dann hat man es mit großer Hitze zu tun (260°C). Jetzt leuchten die Kohlen hellorange.

1 Teelöffel	5 ml
1 Esslöffel	15 ml
1/4 Tasse	60 ml
1/2 Tasse	120 ml
1 Tasse	240 ml

Offiziell lizenziert durch Volkswagen